KB056417

북한의 사회문화, 일상 그리고 다가올 미래

이화여대 북한연구회 총서 6

북한의 사회문화, 일상 그리고 다가올 미래

초판 1쇄 발행 2024년 8월 31일

엮은이	이화여대 북한연구회
지은이	김엘렌·박민주·윤현경·조현정·김영지
펴낸이	윤관백
펴낸곳	선인
등 록	제5-77호(1998.11.4)
주 소	서울시 양천구 남부순환로 48길 1 (신월동 163-1) 1층
전 화	02) 718-6252 / 6257
팩 스	02) 718-6253
E-mail	suninbook@naver.com

정가   12,000원
ISBN 979-11-6068-909-9 93300

이화여대 북한연구회 총서 6

북한의 사회문화, 일상 그리고 다가올 미래

이화여대 북한연구회 엮음

김엘렌 · 박민주 · 윤현경 · 조현정 · 김영지 지음

선인

발간사

　북한, 공식적으로 조선민주주의인민공화국은, 세계에서 가장 고립된 국가 중 하나로 손꼽히지만, 또한 세계에서 가장 신비로운 나라 중 하나로 그곳에서의 일상은 외부인에게는 거의 알려지지 않는다. 이로 인해 북한의 사회문화와 일상생활은 종종 왜곡된 정보, 고정관념, 선입견으로 가득하여 궁금증을 자아내기도 한다.

　그러나 북한은 수많은 사회문화적 특성과 독특한 일상으로 가득차 있다. 북한 주민들은 남한사회와는 다른 정치 체제와 이념 아래에서 살아가고 있으며 강력한 집단주의와 공동체 정신을 바탕으로 한 삶을 영위하고 있다. 그러나 그들의 일상은 우리에게 익숙한 것들과, 한편 이질적으로 보일 수 있지만 그 속에서도 보편적 내용과 희망을 찾아볼 수 있다. 이들은 일상 속에는 우리와 마찬가지로 희, 노, 애, 락이 존재한다. 북한의 사회문화와 일상생활을 이해한다는 것은 단순히 그들의 정치 체제를 이해하는 것을 넘어, 그들의 사회적 구조와 함께 이러한 인간적 면모를 깊이 있게 들여다보는 것을 의미한다고 생각한다.

이화여대 북한연구회는 이러한 북한의 사회문화와 일상을 들여다보고, 어떻게 다가올 미래와 연결될 수 있는지를 기획하였으며 이를 총 2부 5개의 장으로 목차를 구성하여 집필하였다. 이러한 취지를 이해하고 바쁜 시간을 쪼개어 저자로 참여해 준 박민주, 윤현경, 조현정, 김엘렌, 김영지 박사님께 이 자리를 빌려 다시 한번 그 열정과 노고에 감사의 말씀을 전하고 싶다.

북한의 사회문화와 일상을 다룬 제1부는 총 세 개의 장으로 구성되어 있다.

제1장은 박민주 박사가 '개인적인 것이 정치적인 것'이라는 관점에서 시장화 이후 북한의 결혼문화에 대해 논한다. 시장화 이후 북한 주민의 결혼연령 상승과 결혼 기피 현상이 점차 증가하는 가운데, 결혼'식'은 더 화려해지는 경향을 나타낸다. 대동소이했던 결혼문화는 매우 다양해지게 되는데, 이는 시장의 등장과 함께 산업 출현, 사회문화적 변동, 인식 변화, 경제적 재구조화 등이 복합적으로 작동한 결과였다. '조선옷'은 더욱 화려해지고 고급스러워지며 토탈웨딩과 대규모 웨딩촬영이 등장했다. 특히 대도시 중산층 이상의 청년들에게서 나타나는 결혼 퍼포먼스의 화려함은 점점 취약해지는 혼인 관계에 비례한다고 볼 수 있다고 파악했다. 결혼의 퍼포먼스가 화려해지는 것은 오히려 그만큼 제도, 관계, 생활로서 결혼이 매우 취약해져 간다는 것을 보여준다는 것이다. 그래서 일련의 결혼'식'

은 아직 대도시 일부에게서 나타남에도 불구하고, 단순한 '소비문화'나 '개인의 선택'만으로 설명될 수 있는 것이 아니며, 이는 오히려 북한 사회 전반의 변화를 보여주는 하나의 중요한 징표로서 의미를 지닌다. 약해지는 결속, 불균형한 남녀관계, 달라지는 인식과 실천, 자기표현의 욕구와 관련 산업의 성장이라는 복합적 요인이 북한 사회 저변에서 작동하고 있다고 표현한 대목이 돋보인다.

제2장은 윤현경 박사가 북한주민들의 생활 속에 녹아있는 군중무용 문화를 소개한다. 소위 포크댄스를 떠올리면 북한 군중무용이 어떤 것인지 쉽게 이해할 수 있을 것이다. 북한에는 주민들이 이런 포크댄스를 추는 문화가 있는데, 언제부터 어떤 이유로 그러한 문화가 생긴 것인지, 어떠한 목적으로 춤을 추는지 살펴보았다. 특히 이 글 말미에는 저자가 북한 군중무용 문화를 연구하면서 해소하지 못한 부분에 대한 소회가 드러난다. 북한당국은 군중무용을 김일성의 항일혁명활동 시기로부터 유래된 문화로 선전하지만, 실상은 그렇지 않을 수도 있다는 실낱같은 증거 하나를 찾아낸 탓이다. 지금은 주민의 집단주의 정신 고취를 위해 군중무용이 존재하지만, 아무 목적 없이 순수한 '문화향유'를 위해 서양식 사교춤을 즐기던 북한 사람들에 관한 기록을 조금이나마 엿보는 것도 이 글의 소소한 재미일 것이다.

제3장에서 조현정 박사는 북한 시장활동 여성들의 비공식 사회관계망을 다루고 있다. 필자는 북한 사회변화의 핵심 주체를 시장활동에 참여하는 여성으로 보았으며, 그들을 중심으로 북한 사회의 기저에서 작동되는 비공식관계망 형성과 양상을 다각도로 탐구하고 있

다. 시장활동 여성을 중심으로 하여 비공식적·역동적인 인적관계망이나 네트워크들을 탐색하는 것은 북한 사회의 변화 연구나 북한 여성 연구에 있어서 강력한 실마리들을 제공하는 중요한 시도라고 설명한다. 결론적으로 시장활동의 주체인 여성들의 비공식 사회관계망은 친분 관계망을 통해 적극적인 '연대와 재결속'(친밀하고 은밀한 혈연적 관계)을 다지고 있으며, 경제수단 관계망을 통해 소매와 도매 장사를 위한 '목적' 관계(경쟁 대상으로써 수단과 방법 활용)를 형성하고, 지역사회 관계망을 통해 경제적 능력을 인정받기 위한 '이해'관계(비정형화된 협력 활용)로 세분화되고 있다.

다가올 미래를 다룬 제2부는 총 두 개의 장으로 구성하였다.

제2부의 제1장은 김엘렌 박사가 서울시 북한이탈주민 정책 현황과 장기적 과제에 관해 논한다. 남한 전 지역 중 북한이탈주민 1/5이 사는 서울시에서 북한이탈주민의 적극적인 안착을 위해 시행하고 있는 정책을 분석하고 분석 결과를 통해 미래의 남북 통합을 가정했을 때 시급하지만 논의가 잘되지 않고 있는 문제가 무엇인지 장기적 과제를 제시하고자 하였다. 그 결과 북한 내 결핵 환자 증가에 따른 정책 수립 방안과 대사질환 위험, 골다공증 위험, 정신건강 위험을 아우르는 남한 이주 후 건강상태 추적 연구 결과로 본 북한이탈주민 정책 방안을 내놓았다. 연구 결과를 바탕으로 건강문제를 이주 기간에 맞춰 타겟팅하는 전략적 정책이 효율적이고 사회적 매몰 비용도 적어질 것으로 예상되는바 이 문제를 간과해서는 안 된다고 피력했다. 이와 함께 그동안 이루어졌던 일회적 분절적 양상을 보였던 보건의료 협력 추진의 한계를 지양하고 이를 극복하기 위해

주체별로 효율적 역할 분담과 사업별 유기적 협력이 요구되는 중심에 정부를 비롯한 각 지자체들의 역할에 대한 고찰이 중요하다고 하였다.

　제2부의 제2장에서는 김영지 박사의 글이 이어진다. 이 글은 강원대학교 에너지·인프라 융합학과에서 2021년 1학기 혁신교과로 개설된 '남북관계와 국제개발협력' 강의 사례를 사용자 경험(User Experience) 디자인 관점에서 살펴보았다. 이 강의는 해당 주제를 인문사회 분야가 아닌 이공계 분야 전공 대학원생을 대상으로 진행했다는 점에서 일반적 상황과 비교할 때 매우 특이한 사례이다. 학기 종료 직후 참여 학생 모두가 저자로 참여한 단행본을 출판하는 등 흥미로운 성과를 이루었는데 해당 강의가 어떻게 설계되고 운영되었는지 사례연구를 통해 면밀히 고찰하고자 하였다. 종합하면, 이 강의는 러닝 퍼실리테이션(Learning Facilitation, 학습 촉진) 관점에서 중요시하는 개념들을 지향하고 있었으며 강의를 수강 신청한 에너지·인프라 융합학과 소속 이공계 대학원생 맞춤형으로 진행되었다. 교수자는 학습자에게 학습을 촉진할 수 있는 교구로 휴대가 가능하며 인터넷 검색이 가능한 전자기기를 교구로 적극 활용하게 하며 학습자 관점의 교육을 진행하고자 하였고 학습 과정이 단행본이라는 의미 있는 결과를 만들게 되면서 학생들에게 인상적인 학습 경험의 기억을 제공함과 동시에 자신감을 고양하였다. 이와 함께 참여 학생들의 강의에 대한 의견을 통일인식 제고 효과 측면에서 살펴보면 전반적으로 한 학기 수업을 통하여 통일문제에 관심을 가지게 되었고 일부 학생들은 본인 전공 분야와 연결시켜 실질적인 문제

해결의 단계까지 생각을 시도하고 있음을 알 수 있다. 이러한 내용은 학생들의 통일인식을 제고하는 경험 향상과 교육의 질적 혁신을 제고하기 위한 시사점을 제공하고 남북의 통일교육 현장에 새로운 화두를 던질 수 있을 것으로 예상한다.

다시 종합하면 이 책은 외부의 시각에서 볼 때 종종 이해하기 어렵고 우리와는 이질적으로 보일 수 있는 북한의 사회문화와 일상의 다양한 측면, 그리고 우리에게 다가올 미래를 깊이 있게 탐구함으로써, 그간 몰랐던 그들만의 독특한 삶의 방식을 이해하고, 그 속에 담긴 인간적 면모를 발견하면서 앞으로 공존할 미래에 대한 통찰을 얻고자 하였다. 이 책을 통해 독자들이 북한 주민들의 삶을 한층 더 깊이 이해하고, 그들의 일상 속에 숨겨진 이야기를 발견하는 것 외에도 북한이탈주민들의 고충과 과제 그리고 실험적 교육 내용을 통해 우리가 함께할 미래의 구체적 모습을 그릴 수 있기를 바란다.

다가올 미래에 북한은 여러 가지 도전에 직면해 있다. 국제 사회와의 긴장 관계, 경제적 어려움, 내부의 변화 요구 등은 북한이 해결해야 할 과제들이다. 그러나 변화의 가능성도 존재한다. 외부 세계와의 교류가 늘어나고, 내부적으로도 변화의 바람이 불고 있다. 이런 변화는 북한 주민들의 일상과 사회문화를 어떻게 바꿀지 그리고 그들의 미래가 어떻게 펼쳐질지에 대한 기대감도 불러일으킨다.

무엇보다도 이 책을 통해 독자들이 북한의 사회문화를 더 잘 이해하고, 편견 없이 그들의 삶을 바라볼 수 있기를 바라며 이를 통해 우리는 북한을 둘러싼 복잡한 현실을 조금 더 명확히 이해하고, 한반도 평화와 협력을 위한 새로운 길을 모색해 볼 수 있기를 기대한

다. 그래서 이러한 이해가 궁극적으로는 한반도의 화합을 위한 밑거름이 되기를 희망한다.

끝으로, 출판을 맡아주신 도서출판 선인과 박민주 박사에게 특별히 감사드린다. 제자들의 성장과 성숙에 늘 마음 써주시는 최대석·김석향·조동호·박원곤 교수님께 깊은 감사의 말씀을 전한다.

2024년 8월
이화여대 북한연구회를 대표하여
회 장 **김 영 지**

제 1 부

북한의 사회문화와 일상

제1장

북한 대도시 청년들의
결혼 퍼포먼스와 사회변화*

/

박민주

1. 들어가며

이 글은 '시장화 이후 북한 사람들은 어떻게 결혼식을 하는가?'라
는 질문에서 시작되었다. '지피지기면 백전백승'의 대적 정보수집
차원에서 출발하여 오늘날 북한을 학문의 대상으로 상정하는 '북한
학'에 이르기까지, 여전히 정치와 군사 중심의 하드한(hard) 이슈들
속에서 이런 말랑말랑한 질문은 아직도 생경한 느낌이 있다. 그러나

* 이 글은 필자가 이미 출판한 공저 단행본과 단독 논문의 일부를 엮어 새로운 관점에서
재구성한 글이다. 관련하여 소비 욕망, 전통옷 관련 기억 통치에 대해 다룬 문헌은
각각 다음과 같다. 김석향·박민주, 『"북조선 여성", 장마당 뷰티로 잠자던 욕망을 분출
하다!』 서울: 선인, 2019; 박민주, 「김정은 시기 "조선옷 전통"의 재구성」, 『현대북한
연구』 23권 1호, 2020, pp. 220~258.
사진 자료 출처: © Shane Horan. Special thanks to Mr. Shane Horan for his
photo presentation

개인적인 것은 정치적이며, 디테일에는 악마가 숨어있는 법이다. 결혼식은 개인적이지만 매우 사회적이며 정치적이고 경제적인 이벤트다. 결혼식이 어떻게 구성되느냐의 문제는 젠더 관계, 소비, 결혼과 가족에 대한 사회적 인식과 관행, 정책과 주민 실천의 역동과 관련이 있다. 개인적인 것은 지극히 정치적인 것이다.

그중에서도 결혼은 태어남, 자람, 죽음처럼 주어지는(생득적) 것이 아니라 선택의 여지가 있다는 점에서, '관혼상제'로 묶이는 다른 이벤트들과는 조금 다른 특성이 있다. 나의 탄생과 죽음은 내가 결정할 수 없지만 결혼은 그에 비해 선택의 폭이 크다. 물론 여전히 제한적이긴 하지만 현대 사회에서는 결혼을 할지 말지, 누구와 할지, 어떻게 결혼 사실을 공표할 것인지 등에 대해 당사자들의 의견이 반영될 수 있는 공간이 점차 확대되어 왔다.

그러나 결혼에 부여된 '선택'적 성격 역시 사회, 경제, 문화, 정치적 제한 속에서 구성되기 마련이다. 결혼에는 사회적 '적령기'라는 것이 있어 남들과 비슷한 시점에, 최소한 모자라지는 않게 결혼'식'을 하는 것이 선호된다. 특히 가부장제 사회일수록 여성들에게 결혼식은 일생에 단 하루 '공주가 되는' 날로 의미화되며, 어릴 때부터 결혼식은 하나의 로망이 된다. 게다가 무수히 많은 사람들이 이혼을 하고 또 그를 망각하고 재혼을 하면서도 '일생에 단 한 번'이라는 명분을 내세운다. 결혼은 생로병사의 그 어떤 이벤트보다 경쟁과 비교, 소비, 자기만족, 구별짓기가 첨예하게 작동하는 힘의 장(場)이다. 그리고 이것은 우리의 이야기면서도 시장화 이후 북한 곳곳에서 어렵지 않게 찾아볼 수 있는 날 것 그대로의 현실이다.

2. 결혼식 문화의 변화

1) 시장화 이전의 결혼식 문화와 변화의 기점

시장화 이전, 그러니까 배공급제가 부족하게나마 작동했던 시절에는 결혼식 역시 대체로 평이했다. 신랑이나 신부 집에서 간략하게 상을 차려놓고 휴일이나 일요일에 결혼식을 올렸고 신랑은 양복(군인은 군복), 신부는 조선옷(북한에서 북한식 한복을 칭하는 이름)을 입었다. 신부에게 조선옷 한 벌 해주는 것은 신랑의 최소 도리 정도로 여겨졌고 신랑 집에서 한복감을 보내면 신부가 지어 입는 방식이었다. 배·공급 사회였기 때문에 지역의 상업봉사망 혹은 편의봉사 시설에서 한복지를 구하고 도시 한복점(봉사소)에서 한복을 만들어 입었던 것이다. 물자가 전반적으로 귀했기 때문에 한복지가 다양하지는 않았다. 또한 한복을 지어 입었다고 해서 고급이라고 보기는 어려운데, 북한의 의복은 공장제 생산복을 고급품목으로 여기고 수제 생산복을 보통 의류로 여기곤 했기 때문에 만들어 입는 것이 우리처럼 값비싼 맞춤형의 의미와는 정반대였다고 보면 된다.

어쨌든 신랑신부는 자기 지역의 김일성/김정일 동상, 혁명사적비 같은 곳에 가서 '인사와 꽃다발을 드리는' 의례(ritual)를 했고 딱히 사진을 찍는 일도 보편적이지는 않았다. 사진기 자체가 모두 수입품이므로 귀했고 아무나 가질 수 있는 품목도 또 쉽게 현상할 수 있는 환경도 아니기 때문이다. 신혼여행이랄 것도 딱히 없이 혼인신고를 하고 남편을 세대주로 하여 새로 배정받은 집에 들어가는

식이었다. 혼수는 여성이 해왔는데 그 이상적 구성은 "5장 6기"라고 하여 이불장, 신발장, 찬장, 책장, 양복장의 '5장'과 TV, 녹화(음)기, 냉동기, 냉동기, 선풍기, 재봉기 등 '6기'였다. 혼수 역시 상업편의봉사망에서 준비해주는 것이 원칙이나 경제상황이 좋을 때 대도시, 간부 계층 정도에 한해 어려움을 겪지 않는 정도였다. 그러니까 "5장 6기"는 일반 서민이 갖추기 어려웠다는 뜻이다. 이 최소를 갖추기조차 어려웠던 것을 보여주는 사례가, 전천군 상업관리소장 정춘실 스토리다. 정춘실은 자기 관할 가구들의 관혼상제 예상 목록 "우리 가정 수첩"을 적어두고 미리 준비해 두었다가 필요할 때에 주민들에게 물품을 배당해 주었다고 한다. 그나마 경제사정이 나았다던 1960~1970년대에도 세간 물품을 제때 구하기 쉽지 않았던 것이다. 김일성이 정춘실을 극찬하면서 '정춘실 운동'이 전개된 바 있는데, 이 사례는 북한에서 신접살림 갖추기가 얼마나 힘든 일인지를 명징하게 보여준다.

이런 부족함이 보편적이었던 이유는 복합적인데, 우선 시장이 부재했고 유통되는 상당수의 품목을 북한당국이 배공급이라는 체계로 '틀어쥐고' 있었기 때문이다. 물론 공급은 원활하지 않아 결혼 한 번 하려면 이불 솜 한 채를 받기도 어려웠다. 그러나 외부에서 물자가 들어올 환경이 되지 않았으므로 다들 그렇게 부족하게 대동소이하게 결혼식을 했던 것이다. 게다가 해외로부터 정보를 입수하기는 더욱 어렵고 외부 컨텐츠도 부재했으니 다들 관행적 방식 외의 의례를 생각하기도 어려웠다.

〈그림 1〉 콘셉트 웨딩촬영 중인 신혼부부

© Shane Horan

그러나 1990년대 중후반 "고난의 행군"이라 부르는 대대적 경제
난과 배급제의 붕괴 이후, 북한 사회는 전 영역에 걸쳐 대대적 변동
을 겪었다. 각자도생의 척박한 환경 속에서 시장이 확산되었고 중국
을 통해 전에 없던 수 많은 물자가 북한 내부로 흘러들어오기 시작
했다. 물건과 함께 기술, 문화, 소비, 생활양식, 정보가 유통되면서
어떤 것은 탈락되었으나 또 어떤 것은 굳건하게 자리를 잡아가기
시작했다. 결혼 문화 역시 상당한 변화를 맞게 되었는데, 여기에는
일정한 인식 변화와 그간 억눌려 있었던 주민들의 본능이 크게 작용
했다. 1990년대 중후반의 경제난은 수십만의 대량 사망을 촉발했는
데 이 과정에서 주민들은 주변 사람들의 급작스러운 죽음을 목도하

며 '한 번 사는 인생'에 대한 애착과 표현 욕구가 강해졌다. 쌀, 상호 감시, 처벌, 사상 주입, 정보통제의 환경 속에서 표현할 수도, 인지할 수도, 실천할 수도 없었던 인간으로서의 기본적 기대와 욕망이 폭발적으로 드러나기 시작했다. 옷, 집안 인테리어 등 소비와 향유에 대한 열망이 피어올랐다.[1] 그러니 결혼식은 오죽했겠는가.

2) 시장화 이후, 결혼식 산업의 출현과 문화적 변동

북한에서 결혼식의 신부 차림새는 '조선옷'으로 규제되어 왔다. 남성은 장교일 경우 군복, 보통은 양복 정장(수트)을 입는다. 시장화 이후 간혹 신부 중에 서구식 웨딩드레스를 입는 사람과 입기를 선호하는 사람들이 적지 않았으나, 북한당국이 이를 강하게 통제해 왔다. 김정일이 "새색시가 양복을 입고 결혼식을 하는 사실에 대하여 지적"[2]할 정도로 말이다. 북한은 강력한 규칙, 처벌, 상호감시 등으로 입고 먹는 것까지 세밀하게 주민을 통제하는 나라다. 게다가 옷은 그 성격상 사람의 신분과 정체성을 분명하게 드러내주는 시각적 기표이기도 하다. 그래서 북한당국은 청년동맹 이상의 모든 북한 주민은 왼쪽 가슴에 김일성, 김정일 초상화를 패용하고 다니도록 강제하며, 때에 따라 규찰대를 통해 복장 단속을 엄격하게 한다. 비사회주의적 옷은 언제든 단속의 대상이 되며 걸리면 그 자리에서 찢어버리

---

1) 이에 관한 상세한 내용은 다음 참조. 김석향·박민주, 『"북조선 여성", 장마당 뷰티로 잠자던 욕망을 분출하다!』 서울: 선인, 2019.
2) 「조선옷에 깃든 이야기」, 『로동신문』 1999년 5월 12일.

고 바로 '정상적' 옷으로 환복할 것을 요구받는다.

　그러나 결혼식은 무엇보다 '일생에 한 번'이라는 사고가 강하게 지배하는 영역이다. 경사마다 단속하는 것은 민중 정서에 반하는 일인 데다가 결혼식은 많은 사람이 몰리는 의례니, 간부 입장에서는 굳이 단속을 적극적으로 하지 않는다. 물론 소문이 나도 무마가 가능하며, 비싼 수입품을 구할 수 있는 권력이나 돈을 충분히 소유하고 있는 극소수 집안의 딸은 예외적으로 서구식 드레스를 입기도 한다. 그런 정치경제적 배경까지는 갖추고 있지 못하더라도, 적지 않은 신부들이 경제적 여건만 된다면, 서구식 드레스는 못 입더라도 화려한 오브제와 색감의 중국식 한복을 입고 아주 풍성한 속치마를 입는다. 일생에 한 번뿐인 중대사 '결혼식'이니 북한당국의 규제가 세세하게 적용되기도 쉽지 않다. 게다가 시장화 이후 당국의 사회통제가 강화될수록 결혼과 같은 각종 사적 세레모니들이 주민들 사이에서 낭만화되는 경향도 나타났다. 시장화 이후 결혼식 문화가 달라진 것은 북한당국의 제재에도 불구하고 주민들이 인간의 본성을 찾아가는, 아주 자연스러운 측면의 하나로 해석될 수 있는 것이다.

　특히 2014년 5·30 조치 이후로 북한의 대다수 기업, 공장, 기관은 알아서 국가 상납금을 내고 직원들의 월급과 배급을 책임져야 한다. 그러므로 사진촬영이든, 대동강 배든, '롱구방' 써비차(승합차 대절)든 수익을 낼 수 있다면 무엇이든 한다. 그래서 신랑신부들은 대규모 웨딩촬영팀을 대동하고 신랑신부가 유명한 유원지 곳곳에서 콘셉트 촬영을 하고 이를 수정 및 합성하여 액자와 앨범으로 만든다. 결혼식은 종합 봉사시설에서 큰 규모로 화려하게 치러질수록 주위로부터

부러움의 시선을 받는다. 그렇게 치러진 결혼식 한 건의 '사례'는 전역으로 확대되어 '추세(유행)'로 번져 나가기도 한다. 시장화 이후로는 북한에서도 카메라 등으로 동영상과 사진 촬영이 증가했고 2010년대 휴대폰이 확산되면서 촬영과 공유는 더 급증했기 때문이다. 이처럼 결혼식을 둘러싼 주민들의 실천은 거대한 산업이 되었고, 많은 산업들이 그러하듯 그 수익의 일부가 북한의 체제를 떠받치고 있다. 북한당국이 막으려야 막을 명분도, 막을 이유도 없는 것이다.

(1) 화려해지고 고급스러워지는 조선옷/한복

시장화 이후 북한당국은 근 30여 년간 이렇게 말했다. "제국주의자들이 썩어빠진 부르죠아문화를 집요하게 류포시키고 있는 조건에서 민족성을 고수하고 나라와 민족의 자주성을 지키는 (중략) 우리 녀성들은 옷차림문제에 깊은 관심을 돌려 자신들부터가 우리식의 조선치마저고리를 즐겨입고 다니[3]어야 한다고 말이다. 결혼식에서 입는 일명 "첫날옷"역시 마찬가지인데, 1990년대 말 공간문헌을 보면 북한당국이 서구식 드레스를 입지 못하게 하면서 그를 모방한 백색 한복이나 속치마가 매우 풍성한 한복을 제시하고 있기도 하다 (〈그림 2〉 참조). 그러나 2000년대에 들어서도 여성들의 화려한 결혼식 복장은 사그라들지 않았다. 언설의 강도로 유추해보면, 더 강화

---

3) 「사회주의적 생활양식을 철저히 세우자: 옷차림을 우리식대로 하자」, 『조선녀성』 12호, 2004, p. 50.

되었을지언정 약화되지는 않았던 것으로 파악된다.

> 우리녀성들은 부르죠아사상문화적침투책동이 출판물이나 방송
> 을 통해 서만 들어오는 것이 아니라 사회생활의 여러분야로 들
> 어온다는 것을 명심하고 결혼식을 선군시대에 맞게 우리식으로
> 함으로써 (중략) 신부의 머리 우에 요란스러운 꽃장식을 하거나
> 우리 민족옷이 아닌 차림을 하는 것은 우리식이 아니다.4)

화려하고 예쁘게 입고 싶지만, 서구식 드레스는 불가하고 구하기도
어렵고 간혹 손님들 중에 보수적인 사람은 지적을 할 수도 있다. 그렇
다고 북한당국이 높아진 소비 열망을 충족시킬 만한 전통옷 개발에
나선 것도 아니다. "우리식"을 부르짖지만 그것의 내연은 너무나 부실
했다. 이 상황에서 결혼식을 앞둔 여성들은 어떤 선택을 할까?

다수의 주민들은 일탈이나 반역으로 여겨지지 않는 '중국식'을 택
했다. '조선옷'은 서구 페티코트 식의 속치마에 강렬한 색깔들과 금
박, 각종 오브제가 부착된 중국시장 스타일로 재편성되었다. 단아함
보다는 화려함이 '조선옷'을 지배하고, 신부의 한복은 그 화려함의
극치를 구현한다. 뿐만 아니라 신부들은 여러 벌의 한복을 갈아입는
다. 가체가 동원된 풍성하고 복잡한 연출, 진하고 길게 붙인 속눈썹,
화려한 머리 장식 역시 빼놓을 수 없다. 다음 사진들은 그러한 면모
들을 잘 드러내준다.

---

4) 「결혼식을 사회주의적 생활양식에 맞게 우리식으로 하자」, 『조선녀성』 7호, 2006,
   p. 50.

© Shane Horan

　이처럼 주민들이 중국식의 화려함을 선호하자 결국 북한당국은 부인했던 역사를 다시 회복하여 활용하기에 이른다. 원래 북한당국은 계급타파를 지향하면서 조선시대의 귀족이나 왕족 옷차림을 비판해 왔다. 딱히 계승해야 할 대상으로 여기지 않았던 것이다. 그러나 2010년대 들어, 북한에서 검열을 받아 공식 간행된 '조선옷' 도안에는 조선 시대의 당의, 조바위, 탕건, 아얌 등 일정 이상의 신분계층이 사용하던 장식과 복식이 그려져 있다. 지양하고 박멸해야만 했던 전통옷의 특정 스타일들이 갑자기 '민족 전통', 곧 계승해야 할 것으로 전환된 것이다.

　흥미롭게도, '조선옷'은 한복을 따라 고급화의 한 줄기를 이루기 시작했다. 2000년대 중반을 기점으로 한국 드라마와 함께 한국식 한복이 북한 내부로 유입되기 시작했던 것으로 보인다. 특히 2005년~2006년 SBS에서 방영했던 드라마 "하늘이시여"에서 여성 배우가 입었던 하늘색 계열 한복이 중국에서 북한으로 넘어갔다는 점에 대해 증언을 들은 바 있다. 시진핑이 방북했을 때 리설주가 입은 전통옷 역시 해당 한복과 굉장히 비슷한 색상이었다. 또한 목 깃과 소매 깃이 두껍고 또 목 파임이 조선옷보다 덜 하다는 것, 색상이 톤온톤의 색감 조화, 무광 등으로 미뤄보아 조선옷이 아닌 '한복'에 가깝다. 관련하여 연구자는 한복 전문가로부터 당시 한국에서 리설주의 한복을 만들어서 북한으로 가져갔다는 소문이 있었다는 전언을 들은 바 있다.[5] 어쨌든 이런 정보들을 조합해보면, 북한의 '조선옷'은 중국식의 화려함을 경유하여 한국식의 고급화된 '한복'을 향해가고 있다는 점이 드러난다. 결혼식 예복인 '조선옷' 역시 그 어딘가를 맴돌며 구성되고 있는 중이다.

(2) 토탈웨딩의 등장과 대동강 유람선 웨딩촬영

시장화 이전의 북한 주민은 소박하게 결혼식을 치를 수밖에 없는 환경이었다. 물자의 유통을 당국이 장악했기 때문에 새로운 물품을 접하기 쉽지 않았고 또 모두가 비슷비슷하게 주어진 대로 결혼했기 때문에 딱히 욕망이라는 것이 수면 위로 떠오를 기회도 많지 않았다. 그러나 시장화 이후 2000년대부터 웨딩산업은 폭발적으로 성장하기 시작했다. 2010년대 후반에 탈북한 북한이탈주민들은 "이제 북한에서 결혼식은 다 음식점에서 하지 집에서 하는 사람 없다"고

---

5) 이와 관련한 이야기는 필자의 다음 논문에서 찾아볼 수 있다. 박민주, 「김정은 시기 "조선옷 전통"의 재구성」, 『현대북한연구』 23권 1호, 2020, pp. 220~258.

의견을 모으기도 한다. 각종 음식점, 연회장, 골프연습장 등 식사와 예식이 가능한 넓은 공간에서는 결혼식이 얼마든 가능하다는 것이다. ○○각, ○○원처럼 목욕, 미용, 식사 등의 종합 서비스를 가춘 시설에서는 토탈 웨딩이 치러지기도 한다. 꽃장식과 꽃잎을 뿌려주는 퍼포먼스, 서비스(봉사원)를 담당하는 직원들의 도열, 신부가 드는 화려한 꽃다발(우리식의 부케), 다양한 음식이 올려진 상차림 등을 엿볼 수 있다.

2010년대 이후 방북했던 외국인들의 인스타그램에는 북한 예비부부 혹은 신혼부부들의 "웨딩활영" 퍼포먼스 장면이 업로드되어 있다. 낭만적 이성애의 콘셉트에 따라 신랑 신부가 다양한 다정한 포즈를 취하고 있으며, 이 사진들은 앨범으로 제작된다. 대동강 보트를 타고 사진을 찍고 신랑이 신부에게 꽃을 건네주거나 신랑이 선글라스를 쓰고 한껏 '남성미'를 뽐내는 모습도 나타난다. 시밀러룩을 갖춰 입은 커플의 모습은 보정과 배경 합성을 거쳐 재탄생된다. 평양뿐만 아니라 대도시 곳곳에서 이러한 촬영이 목격되며 앨범 서비스의 인기는 매우 높다고 한다. 화려한 웨딩사진, 콘셉트 촬영, 액자와 앨범으로 만들어진 낭만적 이성애의 프레임이 포착된다.

그런데 흥미로운 것은, 북한에서 이처럼 사진을 앨범이나 액자로 만드는 것이 시장화 이전에는 보편적으로 하기 어려운 일이었다는 점이다. 북한은 김일성 독재와 숭배에 따라 제정된 '10대 원칙'에 따라 집안의 가장 큰 방(혹은 거실)에 김일성, 김정일의 초상화를 걸어두고 '잘 모셔야' 한다. 게다가 사진 촬영의 기회 역시 아무 곳에서나 할 수 없는 일이었다. 다만 시장화 이후 사진 촬영 역시 산업화

<그림 3> 평양 영화세트장의 신혼부부   <그림 4> 콘셉트 사진 촬영 중인 신혼부부

© Shane Horan

되었고 사진사들 사이의 경쟁도 치열해져 웨딩산업과 연결된 이런 대규모의 콘셉트 촬영 및 앨범, 액자 제작 서비스가 탄생한 것이다. 중요한 것은, 사람들이 이제 초상화가 걸린 벽이나 방을 피해 자기들의 사진을 더 크게 걸어둔다는 점이다.

3. 북한당국이 권하는 '결혼(식)'과 기층의 결혼 선택: 취약해진 부부의 세계와 강력해진 퍼포먼스

통치적 관점에서 인구 재생산, 여성노동력, 젠더문제 등의 손쉬운 해결 방안은 필요에 맞게 결혼을 장려하거나 지연시키는 것이다. 간단하게 생각해도, 가부장제 동양문화권에서는 혼외출산에 대한 인식이나 제도가 열악하기 때문에 결혼에 기반한 출산이 많을 수밖에 없고, 또 혼인 후 출산을 당연한 관례로 여긴다. 그러므로 결혼은 중요한 국가정책의 대상이다. 1인 독재체제의 북한에서 결혼은 "최고지도자" 지시 사항이기도 한데, 다음 인용문과 인용문에서 언급된 노래 "도시처녀 시집와요"의 가사를 살펴보면 북한당국이 결혼식의 의미를 어떻게 주조하려 하는지 드러난다.

> 결혼식때에 부를만 한 노래가 없다보니 주로 노래 《세상에 부럼
> 없어라》를 부른다고, 물론 결혼식을 할 때 신랑신부가 자기들을
> 사랑의 한품에 안아키워준 당과 수령의 은혜를 잊지 말고 당과
> 수령에게 충성다하려는 의미에서 그런 노래를 부르는것이 나쁘
> 지 않다고, 그러나 결혼식날에는 신랑과 신부의 결혼을 축하하
> 여주는것이 기본인것만큼 그들을 축하하는 노래를 많이 부르는
> 것이 좋다고 말씀하시였다. (중략) 《도시처녀 시집와요》였다. (중
> 략) 명가사에 명곡이라고 가사가 좋으니 선률도 건드려져 노래
> 는 나오자마자 사람들의 사랑을 받으며 뻐스칸에서도 불리우고
> 결혼식장들에서도 많이 불리웠다. (중략) 한 녀류시인은 가사
> 《축배를 들자》를 창작하게 되었다. (중략) 장군님께서는 작품을
> 보시고 가사가 총체적으로는 재미있게 씌여졌으나 생활적인 가
> 사에서도 사상은 명백하고 뚜렷해야 한다고 하시면서 반복되는
> 후렴구의 《백년가약이 좋아》라는 표현을 《로동당이 좋아》로 고
> 쳐주시였다. (중략) 가사의 2절에서는 첫 아기를 금딸로 예언하
> 여 형상한 부족점이 있었다. 위대한 장군님께서는 우리 인민은
> 예로부터 귀여운 옥동자의 출생을 가정의 큰 기쁨으로 여겨왔다
> 고 하시면서 작가의 주관이 담긴 《금딸이겠네》라는 표현대신

《옥동자라네》라는 시구로 고쳐주시여 결혼식장에 전통적인 민족적감정이 진하게 울려나오도록 하시였다.[6]

<1절>
고개넘어 령을 넘어 뻐스를 타고
도시처녀 리상촌에 시집을 와요
차창밖에 웃음꽃을 방실 날리며
새살림의 꿈을 안고 정들려와요

<2절>
다소곳이 숙인 얼굴 얌전도 해라
싱글벙글 신랑총각 의젓도 해라
모내기때 남모르게 맺어진 사랑
황금가을 좋은 날에 무르익었소

<3절>
신랑신부 마주보며 노래부르니
로인내외 너무좋아 어깨춤추네
농촌테제 이 땅우에 꽃펴나더니
도시처녀 농장총각 한쌍이 됐소

<후렴>
시집와요 시집와요 도시처녀 시
　집와요
문화농촌 하좋아 우리살림 하좋
　아 시집을 와요

앞의 가사 내용은 매우 단순하고 명징하게 통치가 주민들에게 권장하는 바를 드러낸다. 여성에게 다소곳하고 얌전할 것과, 농촌으로 자원하여 시집갈 것을 요구한다. 게다가 "축배를 들자"라는 노래 가사에 얽힌 에피소드 역시 백년가약보다 노동당이, 딸보다 아들이 더 중요하게 여겨진다는 점을 노골적으로 드러낸다. 결혼에서 축배를 드는 사람은 신랑신부가 아니라 통치인 것 같은 느낌이다. 1990년대에 발표된 이 노래들은 민중사적 혹은 일상사적으로 무엇을 의미하는 것일까? 왜 북한당국은 1990년대 이렇게 결혼식에 관한 가사들을 발표하기 시작한 것일까? 굳이 2020년대 들어 30년이 지난

6) 「생활적인 노래들도 많이 창작하도록」, 『과학연구』, 김일성종합대학 조선어문학부 박정봉(2021.3.23).

이야기들을 꺼내는 이유는 또 무엇일까?

여기에는 복합적 사유들이 있는데, 서로 불가분하게 긴밀히 연결된 내용들이다. 이해를 돕기 위해 나누어 서술해보면 다음과 같다. 첫째, 1980년대 후반부터 사회주의권이 연이어 붕괴하면서 북한당국은 주민의 일상 곳곳 더 깊숙하게 사상을 주입하는 작업을 시작했다. 조선민족제일주의라는 이데올로기적 덧칠을 시도하면서, 그간 지양했던 민족명절을 부활시키기도 했다. 북한에서 결혼은 여성이 전통옷을 입는 날이자, 많은 이들이 모이는 날이라는 점에서 결혼식은 통치가 놓치지 말아야 할 사상지배의 한 시점이기도 했다.

둘째, 북한은 1970년대부터 적극적으로 산아제한 정책을 시도했는데, 출생률이 지속 하락하여 1990년대 초반 들어 2명 미만에 진입하였다(다음 〈그림 5〉 참조). 인구유지가 아니라 감소에 접어들자 북한당국은 출산장려정책으로 전환하고 혼인연령도 낮췄다. 결혼을 장려함으로써 출생률을 높일 전략이었던 것이다. 그러나 출산장려는 제한보다 효과를 보기 어려운 데다가 이미 1980년대 후반부터 경제가 어려워졌기 때문에 출생률은 반등하기 어려운 구조였다. 어쨌든 북한당국으로서는 출생률 증가의 목적으로 결혼을 장려한 측면도 부인하기 어려울 것이다.

셋째, 북한은 주거배치제도를 운영하지만, 많은 사람들이 그 제도의 틈새 사이로 빠져나가 도시를 향한다. 배급제 중단 이후 각 가족의 생계는 사실상 여성의 장사활동에 달려 있다. 배급받는 직장 다니는 '세대주'의 덕을 보는 것은 극소수다. 그럼 결국 시장 접근성이 떨어지는 농촌 지역은 그만큼 먹고살기도, 새로운 물품과 문화를 접하기도 어려워진다. 농촌을 기피하는 것은 어쨌든 생존의 문제와도 연관이 된다는 뜻이다. 물론 농촌의 단체농장 생활이 매우 힘들고 농업 자체가 기술과 자재가 부족하고 군대나 당국의 갈취가 심하다는 점에서 피폐하다는 점도 간과할 수 없다. 그러니 도시 처녀가 농촌으로 시집가는 일은 아주 예외적인 선택일 수밖에 없다.

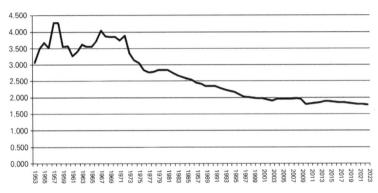

〈그림 5〉 통계청 북한통계 추정 북한의 합계출산율 추이

출처: 국가통계포털, https://kosis.kr/statHtml/statHtml.do?orgId=101&tblId=DT_1ZGA283&conn_path=I3(검색일: 2024.4.12)

넷째, 북한은 시장화 이후 지난 30여 년간 출생률의 지속하락과 함께 혼인기피와 지연 현상도 빈번해졌다. 이는 2010년대 이후 최근 중요 사안으로 떠오른 것이기도 하다. 북한당국이 혼인율 통계를 발표하지 않지만, 국책연구기관의 조사결과와[7] 수많은 북한이탈주

---

7) 박영자·이지순·이윤진·김란, 『북한 주민의 가정 생활: 국가의 기획과 국가로부터 독립』, 서울: 통일연구원, 2023, pp. 257~258, 360~361.

민의 증언에 따르면 출산 기피는 물론 혼인 역시 기피의 대상이다. 대신 혼인신고를 하지 않는 동거가 증가하고 있으며 남녀의 관계는 이제 부부의 세계 너머로 접어들고 있다.[8] 이는 다수의 기혼 여성이 장사를 통해 가족을 부양하지만, 여전히 결혼제도가 여성에게 억압적인 방식으로 작용하고 있어 가능하면 그 통제와 구속을 피해가려는 여성들의 행위전략이라 볼 수 있다. 특히 여성의 경제적 노동부담이 급증한 데 비해 가사, 양육, 돌봄 노동의 부담은 거의 줄고 있지 않았거나 아주 미미하게 남편이 '도와주는' 수준 정도로 큰 진전이 없었던 것이 가장 큰 이유라 할 수 있다. 대체로 선진국에서 빈번한 저출생 이슈가 북한에서 대두된 것은 바로 이처럼 여성의 노동부담이 예외적으로 매우 크다는 점에서 그 한 원인을 유추해볼 수 있다. 그 과정에서 부부 간의 갈등이 이혼과 결혼 결렬로 이어졌음은 충분히 예측이 되는 결과이기도 하다. 이런 사회적 분위기는 여성뿐만 아니라 남성에게도 부담이 된다. '결혼말고 동거'라는 선택은 남성들의 직간접적 동의가 있었기 때문에 가능했음을 간과해서는 안 된다는 뜻이다.

어쨌든, 이러한 상황에서 결혼을 결심한다는 것은 쉬운 일이 아니므로 결혼식은 더 큰 의미를 지닐 수밖에 없다. 결혼이라는 남녀관계가 취약해질수록, 결혼의 퍼포먼스는 화려해진다. 공작새가 공격을 위해 한껏 화려한 날개를 펼쳐 보이는 것처럼 말이다. 게다가 시

8) 여성의 이동성 증가 및 다각화와 이로 인한 부부간의 관계 변화는 다음 참조. 박민주, 「북한 주민의 모빌리티와 이동·통치·젠더」, 『현대북한연구』 27권 1호, 2024, pp. 258~305.

장화 이후의 자기 표현 욕구와 소비 추세를 감안할 때, 결혼식이 화려해지는 현상은 기실 자연스러운 것이다. 자신을 만족할 정도로 치장하고 주변 사람들과 먹고 마시며 이벤트를 즐기면서 기록을 남기려는 것은 충분히 있을 수 있는 일이고 한편으로는 바람직한 것이기도 하다. 북한당국이 통제하고 금한다고 해서 금지될 일도 아니라는 뜻이다. 결혼의 취약해짐을 북한당국이 막을 수 없는 것처럼, 결혼식의 화려해짐 역시 통제할 수 없는 일이다.

4. 결론을 대신하여: 그들의 결혼식 문화는 앞으로 어찌될까?

도시 처녀는 더 이상 농촌으로 시집을 가지 않는다. 연애는 도시 총각과 하되, 결혼은 아주 신중하게 결정할 일이다. 그래서 적지 않은 도시 처녀, 총각이 동거를 한다. 결혼을 해도 예전의 부모세대처럼 출산을 많이 하지 않는다. 한 번 결혼하기로 결심하면 여력이 닿는 선에서 크고 화려하게 퍼포먼스를 즐기고, 촬영과 예식을 진행한다. 신부의 옷차림은 경제적 수준에 따라 다르지만 예전의 '조선옷' 차림과는 다르게 아주 화려한 중국식이거나, 극소수의 예외적으로 서구식 드레스거나, 혹은 보다 고급스러운 한국식 '한복'을 입기도 한다. 중요한 것은, 경제적 여력만 되면 크고 화려하게 결혼식을 하는 일이 선호되고 또 일종의 미덕으로 여겨지기도 한다는 점이다. 아직까지는 대도시의 상류층과 일부 중류층을 중심으로 이런 결혼식 문화가 전개되고 있는데, 지속 확산인 것으로 파악된다. 그러나 제도와 관계, 그리고 생활로서의 결혼은 나날이 취약해져 가고 있다. 약해지는 결속, 불균형한 남녀관계, 달라지는 인식과 실천, 자기표현의 욕구와 관련 산업의 성장이라는 복합적 요인이 북한 사회 저변에서 작동하고 있다.

한때 COVID-19로 북한에서도 모임이 제한되었으나, 이제 북한도 포스트 코로나에 접어들었다. 북한에서도 보복소비가 관찰되는 만큼,[9] 북한의 향후 결혼식 문화는 코로나 이전의 화려한 산업 기반을 디딤돌 삼아 지속될 것이다. 어쩌면 출생률이 1명대 초반까지 하락한다면, 그때는 (덜 파인) 서구식 드레스가 결혼 퍼포먼스에서 허용될 수도 있다. 북한당국도 인구(라 쓰고 노동력이라 읽는)가 유지되어야 존재할 수 있지 않겠는가. 그러므로 그만큼 결혼이 약해질수록 결혼의 퍼포먼스는 더 화려해질 것이며, 북한당국은 그 퍼포먼스라도 허용하여 혼인율을 끌어올려 보고자 할 것이다. 동거와 혼외자녀를 인정하는 개방까지 나가는 것보다야 하루 잠깐 드레스를 허용해주는 조건적 개방이 체제유지에 덜 위험하다 판단할 테니 말이다. 도시처녀의 결혼은 쉽지 않다. 그리고 우리는 도시처녀의 결혼을 지속 추적하면서 북한 사회의 변화와 당국의 대응, 주민의 실천을 면밀하게 살펴볼 필요가 있다. 이렇게 자본주의와 사회주의 사이 어딘가를 배회하는 북한의 오늘을 어떤 이름으로 규정해야 할까? 아마, 출생률이 1명에 근접해 갈수록 더 흥미롭고 명징한 사회변화들이

---

9) 박민주, 「포스트 코로나 북한의 주요 의식주 기술·정책 동향과 그 함의」, 『통일인문학』 제97집, 2024, p. 221.

포착될 것이며 그때야 그 정의가 가능해질 것이라는 의견으로 결론을 대신한다.

참고문헌

1. 국문단행본

김석향·박민주, 『"북조선 여성", 장마당 뷰티로 잠자던 욕망을 분출하다!』, 서울: 선인, 2019.
박영자·이지순·이윤진·김란, 『북한 주민의 가정 생활: 국가의 기획과 국가로부터 독립』, 서울: 통일연구원, 2023.

2. 국문논문

박민주, 「김정은 시기 "조선옷 전통"의 재구성」, 『현대북한연구』 23권 1호, 2020, pp. 220~258.
박민주, 「북한 주민의 모빌리티와 이동·통치·젠더」, 『현대북한연구』 27권 1호. 2024, pp. 258~305.
박민주, 「포스트 코로나 북한의 주요 의식주 기술·정책 동향과 그 함의」, 『통일인문학』 제97집, 2024, pp. 211~258.

3. 북한문헌

「조선옷에 깃든 이야기」, 『로동신문』 1999년 5월 12일.
「사회주의적 생활양식을 철저히 세우자: 옷차림을 우리식대로 하자」, 『조선녀성』 12호, 2004, p. 50.
「결혼식을 사회주의적 생활양식에 맞게 우리식으로 하자」, 『조선녀성』 7호, 2006, p. 50.

「생활적인 노래들도 많이 창작하도록」, 『과학연구』, 김일성종합대학 조선어문
　　학부 박정봉(2021.3.23).

4. 기타 자료

통계청 북한통계, https://kosis.kr/statHtml/statHtml.do?orgId=101&tblId
　　=DT_1ZGA283&conn_path=I3(검색일: 2024.4.12).
인스타그램 @shaneohodhrain

제2장

북한주민의 "군중무용" 추는 문화*
북한에도 '떼춤'이 있다

/

윤현경

1. 춤추기 좋아하는 북한 주민들?

젊은 남녀들이 광장에 나와 포크댄스를 춘다. 남자들은 흰 셔츠에 붉은 타이를 매고 짙은 남청색 바지를 입었다. 여자들은 활동이 편하도록 개량된 화려한 무늬의 한복을 입었다. 북한 주민들이 '군중무용'을 추는 장면이다. 북한은 주요 명절이나 경축일이면 광장에 나와 포크댄스를 추고 있는 주민들의 '행복한' 순간을 보도한다. 김일성 생일 같은 주요 경축일에는 '군중무용경연'을 개최하기도 한다.

---

* 이 글은 2022년 12월 『Dance Magazine MOMM』 논단에 실린 글을 바탕으로 수정·보완하였다.

참고

태양절을맞으며 성, 중앙기관 군중무용경연 련일진행
주체105(2016)년 4월 10일

태양절경축 성, 중앙기관 군중무용경연   태양절경축 성, 중앙기관 군중무용경연

뜻깊은 태양절을 맞으며 이채롭게 펼쳐지고있는 성, 중앙기관군중무용경연은 군중무용을 생활화, 대중화하여 누구나 밝고 명랑한 기분으로 일하게 하며 수도에 혁명적희열과 랑만이 차넘치게하고있다.

1선과 2선으로 나뉘여 진행되는 경연에는 성, 중앙기관의 100여개 단체가 참가하고있다.

경연에 대한 심사는 참가자들이 춤동작을 정확히 수행하는가, 춤곡의 리듬, 장단, 양상을 잘 살리는가, 남녀 호상간교감과 형상이 잘되는가, 옷차림과 머리단장을 시대적미감에 맞게 하였는가 등을 놓고 평가한다. (중략)

화려한 의상을 한 남녀 출연자들이 경쾌한 음악선률에맞추어 곱디뎌걷기, 전줄러걷기, 메고지기, 메고펴기, 손벽치기등 발, 손동작들을 예술적으로 훌륭히 형상하면서 조선춤의 고유한 멋을 건드러지게 살릴 때면 오가는 길손들도 걸음을 멈추고 열렬한 박수를 보내군한다.

출처: 메아리(2016.4.10., http://www.arirangmeari.com/index.php?t=news&no207).

북한 주민들에게 군중무용은 삶의 일부이다. 새로운 사건도, 특별할 것도 없는 일상문화 중 하나일 뿐이다. 북한당국은 사람들의 창조적인 노동을 적극 고무하고, 사람들 사이에 우애를 고무하는데 좋은 조건을 마련해준다는 이유로 학교나 일터, 각종 모임, 행사에서 기회가 있을 때마다 군중무용을 추도록 하고 있다.

참고

아이부터 성인에 이르기까지 군중무용은 생활속에!

전국소년단원들의 충성의 편지이어달리기대렬들이 조선소년단기를 펄펄 휘날리며 수도 평양을 향하여 힘차게 달리고 있다. (중략) 편지이어달리기과정에 소년단원들은 경애하는 아버지원수님께서 조선소년단 제9차대회 참가자들에게 보내신 강령적인 서한에 대한 문답식 학습경연을 진행하였으며 지덕체자랑모임, 우리고향자랑모임, **학생소년군중무용** 등 다채로운 정치문화사업을 벌리였다.

출처: 「전국소년단원들의 충성의 편지이어달리기대렬들이 평양을 향하여 계속 달리고있다」 「로동신문」 2023.5.31.

***

얼마전 서포지구 새 거리건설에 참가한 백두산영웅청년돌격대 황해남도려단 청년돌격대원들의 우등불모임을 통해서도 우리는 청춘들의 열정과 랑만에 넘친 생활을 느낄수 있었다. (중략) 열띤 토론과 시, 노래로 이어지는 우등불모임은 시간이 갈수록 활활 타오르는 불길과 더불어 고조되였다. 우등불모임이 끝나자 방송선전차의 흥겨운 음악에 맞추어 **군중무용**이 시작되였다. 남녀청년돌격대원들은 정갈한 포석우에서가 아니라 자갈밭우에서도 흥겹게 춤을 추었다. 이들이 《별무리무도회》라고 부르는 건설장의 춤판에 펼쳐진 **군중무용**들은 하나같이 기백이 넘치였다.

출처: 「건설장의 우등불」 「로동신문」 2023.9.27.

***

화성전구에서 백열전을 벌리는 군인건설자들의 불같은 충성심과 헌신에 떠받들려 고층살림집들의 골조공사가 련이어 결속되고 구획별로 인입도로들이 형성되여 6월중순부터는 웅장한 새 거리의 자태가 확연히 드러나게 되였다. 살림집내외부미장, 타일붙이기, 공공 및 봉사건물, 시설물건설을 위한 립체전, 전격전이 벌어졌다. (중략) 작업의 쉴참마다 화선오락회, **군중무용**이 펼쳐지고 힘있는 화선선전, 화선선동의 북소리가 높이 울려퍼지는 공사장에는 언제나 군인건설자들의 전투적기백과 랑만이 차넘쳤다.

출처: 「수도건설의 대번영기를 줄기차게 펼쳐가는 기적의 화성속도, 화성신화 화성지구 2단계 1만세대 살림집건설자들이 인민을 위한 우리 당의 숙원을 또 하나 빛나게 실현한데 대하여」 「조선중앙통신」 2024.4.18.

남한에서도 1990년대까지는 학교에서 포크댄스를 추는 문화가 있었다. 초등학교 조회시간이나 운동회 날 전교생이 운동장에 모인다. 대부분 학년별로, 반별로 둘러서서 남학생과 여학생이 짝을 이루어 춤출 수 있도록 줄을 세웠다. 하지만 이제 남한에서는 좀처럼 만나보기 어려운 "그때 그 시절" 문화를 북한 주민들은 여전히 '군중무용'이라는 이름으로 전 생애에 걸쳐 일상에서 경험하고 있다. 그렇다면 북한 주민들은 언제부터 어떤 이유로 군중무용을 추기 시작했을까?

2. '군중무용'이란

1) '군중무용'의 정의와 범위

먼저 북한 '군중무용'의 개념을 살펴보자. 북한의 『문학예술사전』은 군중무용을 "인민들이 대중적으로 추는 무용형식"이라 정의한다.[1] 『무용용어해설』에서는 군중무용의 안무를 "'조선민족무용동작'에 기초하여 누구나 쉽게 배우고 출 수 있는 동작으로" 구성한다고 기술하고 있다. 이러한 정의와 형식은 분명 세계적으로 널리 알려진 포크댄스와 흡사하다.

---

1) 사회과학원 문학연구소, 『문학예술사전』, 평양: 사회과학출판사, 1972, p. 83.

남한에서 정의하는 포크댄스

폭댄스는 축제일뿐만 아니라 평소에도 기회있을 때마다 마을사람들이 광장에 모여 노래를 부르면서 즐겁게 추는 것이다.
폭댄스는 원래가 감상하는 춤이 아니고 자기가 추면서 즐기는 무용이며 특히 남녀노소의 구별없이 누구나 다 출수 있는 것이어서 그 구성이나 기교는 매우 간단하고 용이하다.

출처: 김예라, 「Folk Dance의 연혁」, 『무용』 제7호, 1972, pp. 67~68.

〈포크댄스의 특성〉
- 포크댄스는 중세 암흑시대의 유럽 농민 사이에서 자연 발생한 춤
- 대부분이 민요와 관련이 있다
- 민족과 지방의 특성이 나타난다
- 움직임이 간단하고 순박하다
- 생활과 가장 밀접한 동작으로 구성되어 있다
- 동작의 단순함에도 불구하고 아름다운 민요로 인하여 흥겨움을 더한다
- 무용의 분류에서는 오락무용에 속한다
- 수백 년간 한 지역에 머무는 춤이 있는가 하면 세계로 전파된 춤도 있다

출처: 한국포크댄스협회 홈페이지(http://folkdance.kr/)

북한의 관영매체는 종종 직장인들이 휴식 시간이나 퇴근 전 시간에도 군중무용을 추고, 학생들은 소년단이나 청년동맹 활동을 통해 군중무용을 '생활화'하고 있다고 선전한다. 건설장과 같은 각종 동원현장이나 선전선동 모임에서도 군중무용이 등장하고, 국경일이나 기념일에 개최하는 행사에서는 어김없이 군중무용을 추는 순서가

있다. 이렇듯 북한에서 군중무용이라는 것은 일상에서도 추고, 특별한 날에도 추는 춤이다.

참고

2023년 「로동신문」에 실린 기념일과 군중무용 관련 기사

날짜	기사 제목
2023.1.1.	평양시청년학생들의 신년경축야회 진행
2023.2.9.	조선인민군창건 75돐을 맞으며 백전백승의 영웅군대를 가진 인민의 자랑, 크나큰 행운. 각지에서 경축공연, 경축무도회 진행
2023.2.9.	조선인민군창건 75돐을 맞으며 녀맹일군들과 녀맹원들의 무도회 진행
2023.2.17.	위대한 령도자 김정일동지 탄생 81돐 녀맹일군들과 녀맹원들의 경축무도회 진행
2023.2.17.	광명성절경축 청년학생들의 야회 진행
2023.3.9.	3·8국제부녀절 113돐기념 녀맹일군들과 녀맹원들의 무도회 진행
2023.4.16.	민족최대의 경사스러운 태양절을 경축하여 녀맹일군들과 녀맹원들의 무도회 진행
2023.4.16.	위대한 수령 김일성동지 탄생 111돐경축 청년학생들의 야회 진행
2023.4.26.	조선인민혁명군창건 91돐에 즈음하여 각지에서 뜻깊게 경축
2023.4.26.	조선인민혁명군창건 91돐에 즈음하여 청년학생들의 무도회 진행
2023.7.28.	조국해방전쟁승리 70돐에 즈음하여 녀맹일군들과 녀맹원들의 무도회 진행
2023.7.28.	조국해방전쟁승리 70돐에 즈음하여 위대한 전승업적으로 빛나는 영원한 조선의 명절 온 나라 전체 인민이 뜻깊게 경축
2023.7.28.	위대한 조국해방전쟁승리 70돐경축 열병식 성대히 거행
2023.8.16.	조국해방 78돐을 온 나라가 뜻깊게 경축
2023.8.16.	조국해방 78돐에 즈음하여 녀맹일군들과 녀맹원들의 무도회 진행
2023.8.16.	조국해방 78돐에 즈음하여 청년학생들의 야회 진행
2023.8.29.	부흥강국의 새시대를 열어나가는 조선청년의 영웅적기개를 온 세상에 떨치리. 각지에서 청년절을 뜻깊게 맞이
2023.9.9.	조선민주주의인민공화국창건 75돐경축 녀맹일군들과 녀맹원들의 무도회 진행

날짜	기사 제목
2023.9.9.	위대한 우리 국가를 위하여 애국청년들 앞으로! 조선민주주의인민공화국창건 75돐경축 청년전위들의 해불야회 진행
2023.10.10.	조선로동당창건 78돐에 즈음하여 평양시청년학생들의 야회 진행
2023.10.11.	당을 따라 영원히 충성과 애국의 한길을 가고갈 인민의 일편단심. 조선로동당창건 78돐을 온 나라가 뜻깊게 경축
2023.12.30.	경애하는 김정은동지를 조선민주주의인민공화국무력 최고사령관으로 높이 모신 12돐경축 녀맹일군들과 녀맹원들의 무도회 진행
2023.12.31.	경애하는 아버지 김정은원수님을 조선민주주의인민공화국무력 최고사령관으로 높이 모신 12돐경축 청년학생들의 무도회 진행

　북한『조선말대사전』에 따르면 '군중무용'은 "많은 사람들이 참가하여 추는 대중적인 춤. 행복한 근로자들의 락천적이며 집단적인 생활 감정을 나타낸다"고 설명한다. 북한 매체를 통해 볼 수 있는 군중무용은 대체로 짝을 이루고 있는데, 정작 '군중무용'의 정의에는 짝에 대한 언급이 없다. 의외로 (북한 매체가 현재는 거의 사용하지 않지만) "명절이나 연희 기타의 놀이에서 사람들사이의 교제와 친숙을 위하여 남녀가 한쌍이 되여 추는 서양식춤"이라는 '사교댄스'의 정의가 좀 더 북한 매체에서 나오는 군중무용과 비슷해 보인다. 한편 경축일이나 야회에서 추는 춤은 "무도회에서 하는 무용. 지난 시기 많은 경우 궁정과 상층사교계에서 추던 춤. 우리나라에서 군중무용형식으로 문화정서생활의 중요수단으로 되고 있다"는 '무도회무용'의 정의가 가장 적합해 보인다.[2] 이 세 가지 정의는 다음과 같이 도식화할 수 있다.

---

2) 실제로 『로동신문』 등 북한의 관영매체에서 「무도회 진행」이라는 기사 제목을 자주 볼 수 있다.

〈그림 1〉 북한 군중무용의 영역

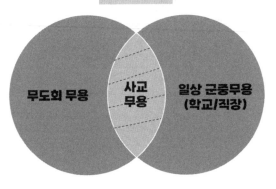

출처: 북한 매체.

2) '군중무용' 창작 방식과 독려 목적

북한의 군중무용 창작 방식은 『무용예술론』[3]의 지침을 따른다. 해당 문헌은 군중무용을 발전시키기 위해 사람들이 즐겨 출 수 있는 여러 가지 군중무용을 만들어야 한다면서 △계층별 특성에 따라 △다양한 형식으로 △춤을 추기 쉽고 흥겹게 만들 것을 요구하고 있다.

먼저 계층별 특성에 따른 창작은 연령대의 정서와 건강상태에 맞도록 안무하라는 의미이다. 다양한 형식의 경우, 춤을 추는 장소의 크기나 인원에 구애되지 않고 자유롭게 구도를 잡을 수 있게 하라는 뜻이다. 북한의 군중무용은 많은 사람이 광장에 모이는 형식인 '원무' 형식을 오랫동안 고수하였기 때문에 학교 교실이나 직장 강당 등 다소 좁은 공간에서도 춤을 출 수 있는 형식으로 안무하여 군중무용의 일상화를 도모하려는 의도로 해석된다.

춤을 추기 쉽고 흥겹게 만들라는 지침의 의도는 춤을 추는 대상이 일반인이므로 누구나 빠르게 배우고 몸에 체득할 수 있게 하기 위한 것이다. 『무용예술론』은 이 대목에서 안무를 어떻게 쉽게 만들 것인지에 관해서는 전혀 설명하지 않지만, 군중무용에 사용할 음악의 경우는 3박자나 4박자 계통에 경쾌한 선율, 강한 장단 등을 사용할 것을 구체적으로 지시하고 있다.

---

[3] 『무용예술론』은 1990년 11월 30일 김정일의 이름으로 발표된 글이다. 북한의 《조선로동당출판》사는 해당 문건을 1992년 단행본으로 발간했다. 북한당국은 김정일이 발표한 이 글을 "주체의 무용예술발전의 리정표를 마련한 력사적사변"이며, 이 문헌은 "주체적 무용예술발전의 앞길을 밝힌 강령적지침"이라 규정한다(『로동신문』 2020.11.30 참조).

군중무용을 추는 목적은 주민의 문화예술 향유를 통한 정서함양이나 자기표현 차원에서 벗어난다. 북한은 군중무용을 "근로자들속에서 집단주의정신을 키우며 문화생활을 보장하는 수단의 하나"로 취급하므로,[4] 군중무용을 배우고 추는 과정에서 인민들이 조직성과 규율 같은 집단주의를 배양하기를 원한다. 이는 당국의 요구이기 전에 최고지도자 김정일의 "말씀"이다. 『무용예술론』에서는 "맑고 명랑한 기분으로 일하고 생활할 수 있으며 사회적으로 문화적인 생활 기풍도 더 잘 세울수 있"다는 것을 군중무용 생활화의 이유로 들고 있다. 그러나 이와 같은 정서를 배양해야 할 이유는 결국 "어렵고 복잡한 혁명과업을 성과적으로 수행"하기 위함이다. 따라서 북한 주민들은 기회가 있을 때마다 집단주의 사상강화를 위해 군중무용 추기를 요구받는다.[5]

참고

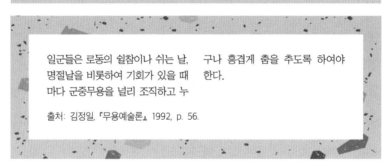

일군들은 로동의 쉴참이나 쉬는 날, 명절날을 비롯하여 기회가 있을 때마다 군중무용을 널리 조직하고 누구나 흥겹게 춤을 추도록 하여야 한다.

출처: 김정일, 『무용예술론』, 1992, p. 56.

4) 사회과학원 문학연구소, 『문학예술사전』, 평양: 사회과학출판사, 1972, p. 83.
5) 김정일, 「온 사회에 문화정서생활기풍을 세울데 대하여: 조선로동당 중앙위원회 책임일군들과 한 담화 1989년 1월 5일」, 『김정일선집 9(1987~1989)』, 평양: 조선로동당출판사, 1997, p. 315.

3. 주민 결속력 강화를 위한 '군중무용'

1) 북한이 규정하는 '군중무용'의 기원

기본적으로 북한당국은 모든 예술의 기원을 김일성의 항일혁명투쟁 시기로 상정한다. 군중문화사업의 일종인 군중예술도 마찬가지다. 따라서 군중무용 역시 해당 시기에 발생했다는 주장이 북한 주민들에게는 정설로 여겨진다. 북한의 공식 문헌은 모두 김일성이 항일활동을 하는 도중 짬짬이 휴식을 취하면서 동료들과 함께 춤을 추었던 것을 군중무용의 시작으로 규정하고, 김정일이 당시의 안무원형을 복원·정리한 후 체계화했다고 서술하고 있다.[6]

참고

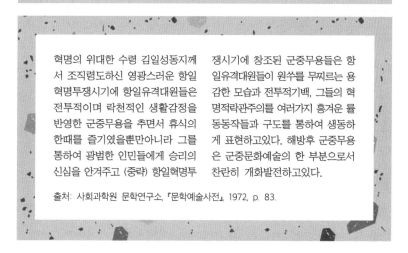

혁명의 위대한 수령 김일성동지께서 조직령도하신 영광스러운 항일혁명투쟁시기에 항일유격대원들은 전투적이며 락천적인 생활감정을 반영한 군중무용을 추면서 휴식의 한때를 즐기였을뿐만아니라 그를 통하여 광범한 인민들에게 승리의 신심을 안겨주고 (중략) 항일혁명투쟁시기에 창조된 군중무용들은 항일유격대원들이 원쑤를 무찌르는 용감한 모습과 전투적기백, 그들의 혁명적락관주의를 여러가지 흥겨운 률동동작들과 구도를 통하여 생동하게 표현하고있다. 해방후 군중무용은 군중문화예술의 한 부분으로서 찬란히 개화발전하고있다.

출처: 사회과학원 문학연구소, 『문학예술사전』, 1972, p. 83.

---

6) 백과사전출판사 편, 『조선대백과사전 18: 조선민주주의인민공화국』, 2001, pp. 462, 500~506, 530~536 참조.

2) '군중무용'을 추는 목적의 변화

김일성-김정일-김정은 3대에 이르기까지 군중무용을 추는 기본 목적은 집단주의 정신 고양이라는 공통점이 있다. 그러나 지도자 집권 시기의 특성과 대내외 환경 기복에 따라 인민에게 군중무용을 장려하는 구체적인 이유는 조금씩 변화해 왔다. "문학예술의 대중화"를 꾀한 김일성은 모든 인민이 생활예술을 통해 조직화되기를 원했다. 이러한 기조는 김정일에 의해 일부 계승되었는데, 김일성 사망 이후 김정일은 "온 나라의 예술화"를 표방하면서 좀 더 체계적인 예술을 대중에게 보급하기를 시도했다. 김일성 시기는 군중무용 전파에 목적을 두었다면, 김정일 시기는 "생활화"라는 명목으로 군중무용 추는 문화의 정착과 확산을 도모했다. 김일성과 김정일 시기 군중무용은 집단주의 사상 고취와 "항일혁명전통"을 계승하는 혁명가를 양성하기 위한 목적이 명확했다.

한편 김정은은 집권 초기부터 "사회주의 문명국"을 표방하면서 자신의 입지를 공고화하기 위해 김일성과 김정일의 유산을 모두 활용했는데, 그중 주요한 수단 중 하나가 집단주의 교양과 문화정서 교양이라는 두 마리 토끼를 모두 잡을 수 있는 군중무용이다. 김정은은 집권 초기 새로운 군중무용 안무를 제작·보급하였는데, 그 목적은 김일성이나 김정일 시기와는 달리 사회주의식 문화정서생활을 풍부히 하기 위한 것으로 선전되었다.

문학예술활동에 광범한 대중을 적극 참가시켜야 하겠습니다. 모든 혁명사업이 다 그러하듯이 문학예술사업도 몇몇 전문 작가, 예술인들에게만 의존하여서는 성과를 거둘 수 없습니다. (중략) 문화선전성과 문학예술부문일군들은 광범한 대중이 문학예술활동을 활발히 벌릴수 있도록 조직사업을 잘하며 군중문화사업에 대한 지도를 강화하여야 하겠습니다.

출처: 김일성, "문학예술을 더욱 발전시키기 위하여": 조선로동당 중앙위원회 정치위원회에서 한 결론, 1954년 8월 10일.

***

모든 예술단체들이 자기의 특색을 살리자면 훌륭한 작품들을 더 많이 만들어야 합니다. 그런데 지금 우리의 예술창조사업은 활발하지 못합니다. 특히 무용부문에서 자랑할 만한 새 작품이 나오지 못하고있습니다. (중략) 군중무용도 똑똑한것이 없습니다. 지금 하는 군중무용들은 만든지도 오래되였고 신통치도 못합니다.

출처: 김정일, "우리의 주체예술을 더욱 발전시키기 위하여": 조선로동당 중앙위원회 선전선동부 및 문화예술부문 일군들앞에서 한 연설, 1975년 5월 6일.

***

근로자들과 청소년학생들 속에서 군중무용을 널리 하도록 하여야 합니다. 지금 군중무용을 큰 행사가 있을 때에나 하는데 그래서는 안됩니다. 앞으로 군중무용을 기념일이나 쉬는 날에도 하고 작업휴식시간에도 하여 군중무용이 사람들속에서 생활화되도록 하여야 하겠습니다.

출처: 김정일, "온 사회에 문화정서생활기풍을 세울데 대하여": 조선로동당 중앙위원회 책임일군들과 한 담화, 1989년 1월 5일.

4. '군중무용'에 관한 숨겨진 이야기?

1) 서양식 춤을 추던 북한 주민들

한 가지 잊지 못할 추억을 더듬고 싶다. 1947년 8월 추석날을 나는 잊을 수가 없다. 너무나 화려하고 감격적인 날이었다. 이날 최승희 씨와 안막 선생은 문예총 간부들과 평양시의 유명한 작가, 시인들과 예술인들을 초대하여 무용연구소 대강당에 정말 성대한 추석놀이를 마련했댔다. 이날 추석놀이에는 이기영, 한설야, 안함광, 김사량, 이면상, 최명익, 송영, 박세영, 민병균, 김조규 등과 무용연구소 무용단 일동 백여 명이 참석하였는데, 너무나 즐겁고 흥겨웠다. (중략) 손님들은 술 기분에 모두들 처녀들을 껴안고 사교춤을 추기도 했지만 **진짜 사교춤**을 추는 사람은 나 하나뿐이었다. 내가 **사교춤 왈츠**를 최승희와 출 때 모든 사람들은 구경꾼으로 되어버렸다. 최승희 씨는 이날 주로 나와 사교춤을 추면서 좋은 기분이었다. 나의 기분도 날 것만 같았다.[7]

앞의 인용문은 1950년대 초반 북한의 문화선전성 제1부상을 지낸 정률(鄭律, 실명: 정상진)의 회상기 중 일부이다. 이 글을 통해 1940년대 후반만 해도 북한 지역에서 서양식 춤인 '왈츠'를 즐기는 파티를 개최할 수 있었고, 왈츠와 같은 춤을 "사교춤"으로 표현했다는 점을 알 수 있다. 그 당시는 김일성의 일인 독재체제가 강화되기 이전이므로 어느 정도는 서양 문화를 향유할 수 있었던 것으로 추측된다.

정률(鄭律)은 어느 땐가 최승희가 "어렵게 사는 백성들을 위하여 쾌활하게 예쁘게 출 수 있는 조선식 대중 사교춤을 만들기로 했다"고 말했는데, 그에 대하여 생각해본 적도 없고 그저 잊어버렸었다고 했다. 그런데 얼마 후 "진짜 조선식 대중 사교춤"을 보게 되었다고 술회한다.

> 어느 기념행사였는지는 잘 기억되지 않는데, 공식 기념행사가 끝난 뒤 김일성 광장에 수천 명의 남녀 청년들이 좋은 옷차림을 하고 나와서 내가 처음 보는 진짜 **조선식 대중 사교춤**을 추는 것이었다. **청년 남녀들 쌍쌍이** 좋은 **조선음악 반주에 맞추어 조선식 사교춤을 추는 광경**이란 너무나 아름답고도 기뻤다. **무용은 아주 간편**하면서도 너무나 보기 좋았다. (중략)
>
> 그 뒤 안 일이지만 최승희씨는 이처럼 간편하면서도 배우기 쉬운 무용을 만들고 자기의 무용단원들을 직장, 기업소들에 파견

7) 정상진, 『아무르 만에서 부르는 백조의 노래: 북한과 소련의 문학·예술인들 회상기』, 서울: 지식산업사, 2005, pp. 78~79.

하여 단시일 안에 수천 명의 청년 남녀들에게 이 **사교춤**을 배워 주었던 것이다. 진실로 쾌활하게 춤추는 미소 어린 청년 남녀들을 보았을 때, 광장에 모인 사람들은 박수로 반주하는 듯싶었다. 정말 어려운 현실 속에서 조선 향기를 그윽이 담은 민족 **대중 사교춤**이 만민의 마음속에 이처럼 예쁘고 아름다운 내일을 꿈꿀 수 있게 하리라고 믿고 싶었다.[8]

또 하나의 기록을 살펴보자.

대학생들의 사상의식에 결정적 영향을 미친 것은 마르크스-레닌주의와 소비에트 문화였다. 그때 우리는 항일무장 투쟁사도 배우지 않았고 회상기 학습도 없었다. 한마디로 김일성 우상화가 없었던 시대이다. 학부 도서실에는 소련 소설과 소련 화보, 프라우다가 기본이었다. 아무 문화 공간이 없던 우리는 토요일마다 오락회와 써클을 했는데 이런 오락회와 써클도 의무적이었다. (중략) 산중턱에는 **무도장**이 있어 토요일마다 춤을 추었는데 **왈츠, 탱고, 트로트**였다. 춤의 보급원은 제대군인이었다. 인민군대는 소련 붉은군대의 전통을 이어 춤과 노래의 명수들이었다. 순천군에는 지원군 부대가 있어 명절 때는 대학써클이 위문 공연을 갔다. 백송리의 그 유명한 무반주 합창 꾀꼴새(소련민요)와 아무르 강은 정말 대단한 수준이었다. 밤새껏 지원군 밴드에 맞춰 춤을 추던 여대생들의 익숙한 스텝은 중국사람들을 놀라게 했다. 좀 잤으면 좋겠는데 **"무도장에 모이시오. 모이시오."** 외치는 써클 책임자를 원망했던 생각을 뉘우치게 되었다.[9]

8) 정상진, 『아무르 만에서 부르는 백조의 노래: 북한과 소련의 문학·예술인들 회상기』, pp. 72~73.
9) 성혜랑, 『등나무집』, 서울: 지식나라, 2000, pp. 242~243.

이번 인용문은 김정일의 숨겨진 아내 성혜림(김정남의 어머니)의 언니인 성혜랑의 회고록 중 일부로 성혜랑이 김일성종합대학 재학 시절을 회상한 내용이다, 6·25전쟁 이후 완전히 한반도가 물리적으로 분단되고 북한 지역이 공산화되었을 때인데도 무도장이라는 공간이 있고, 그곳에서 왈츠와 탱고, 트로트 등의 춤을 추었다는 것을 알 수 있다. 이 무도장이 현재 청년들이 즐겨 찾는 "클럽" 같은 느낌일까. 아마도 당시는 김일성 유일지배체제가 완성되기 전인 1950년대 초반이라 여전히 소련문화의 영향이 잔존했던 것으로 보인다.

2) 최승희의 '조선식 사교춤'

최승희는 일제강점기 때부터 이미 서양무용과 조선무용을 모두 아우르며 세계 각지에서 공연하는 월드스타였다. 서양무용을 먼저 공부한 최승희는 세계인들에게 동양적인 것을 소개하기 위해 서양무용에 조선무용을 접목시켜 '코리안발레'라는 장르를 창시하고자 했다. 비록 '조선식 사교춤'은 최승희 개인의 공연을 위한 작품은 아니지만, 코리안발레를 지향하는 자신의 취향을 충분히 반영하여 사람들이 함께 모여 춤출 수 있는 문화를 마련하기 위한 일종의 재능기부였을 것이라 추정된다.

> 멀니 잇서 누구나 아메리카를 보고저 합니다. 아메리카는 문명한 나라요 또는 누구나 잘 사는 기적의 나라임니다. 여기 있는 배우까지라도 모다들 한 번 보기 원하는 바임니다. 더욱이 현대 청년남녀들은 아메리카의 것이라면 무엇이나 조와해요. 가령 아

메리카음식이라든지, 아메리카의복이라든지, 아메리카의 습관 아메리카의 춤까지라도 조와합니다.
그런대 **조선은 유감이지만 땐쓰홀이 없어서 문제입니다.** 그러나 각각 집에서들은 할 수 있지요. **나는 서양풍속에 집집에서 할 수 있는 사교땐쓰를 대단히 조하합니다.**[10)]

최승희는 1946년부터 김일성의 후원으로 평양에 '최승희 무용연구소'를 열고, 북한 무용의 기틀을 잡았다. 현재까지 북한에서 무용동작의 기본서로 활용되는 『조선민족무용기본』(1958)과 『조선아동무용기본』(1963)이 모두 최승희의 노작이다. 아래 기록은 최승희가 위 두 책과 함께 『조선군중무용기본』이라는 책도 집필하였음을 짐작케 한다.

> 우리나라 무용예술가들이 당의 직접적 지도에 의하여 과학적이며 선진적인 **조선민족무용기본**을 창조하였고 또한 이에 기초하여 **조선아동무용기본과 조선군중무용기본** 등을 창제하여 조선무용 훈련 체계를 확립하였다는 것은 커다란 의의를 갖는다. 이는 우리나라 전문적 무용 예술가들만이 아니라 방대한 비전문 무용예술 소조원들의 무용적 토대를 튼튼히 축성하며 시대 생활과 시대 정신을 전면적 그리고 다면적으로 묘사할 수 있는 강력한 무용적 표현력을 가지게끔 하는 데 있어서 하나의 중요한 교본으로 되었다.[11)]

---

10) 1938년 1월 24일 『헐리웃 선』지와의 인터뷰, 『삼천리』 제10권 제8호(1938.8.1).
11) 최승희, 「로동당 시대에 찬란히 꽃핀 무용 예술」, 『조선예술』 10월호, 1965, p. 28.

〈그림 2〉 최승희가 집필한 무용 기본서

조선민족무용기본(1958)   조선아동무용기본(1963)   조선군중무용기본(19**)

출처: 북한 매체.

   현재 『조선군중무용기본』은 실물 자료를 찾을 수 없다. 1967년 정치적 상황에 따른 최승희의 실각으로 해당 문헌도 정리되었을 확률이 높다. 다음 정률의 회고록을 보면 최승희가 만든 '조선식 사교춤'이 북한 전역에 보급되어 대중을 위한 하나의 문화로 자리 잡았으나 그의 숙청 이후 그가 의도했던 형태의 '대중 사교춤'이 소멸했을 것으로 생각하고 있다.

> 이 대중 사교춤은 전 북조선 도시, 농촌들에 전파되어 기념행사 때마다 명절같이 춤을 꽃피우기도 했다. 그가 사라진 뒤 그처럼 사람들의 마음속에 기쁨과 활기를 심어 주던 대중 사교춤도 사라져 버렸을 것이다.
>
> 최승희는 자기의 예술로써 사람들에게 내일에 대한 믿음을 주고자 마지막 순간까지 힘과 지혜를 아끼지 않았다. 지금도 한반도에는 대중 사교춤이란 개념조차 없지 않은가? 이것은 청년 남녀

쌍쌍이 추는 진짜 한국 사교춤이었다. 한국 무용가들이 생각해
볼 여지가 있다고 나는 생각한다.[12]

최승희의 명예는 2003년 김정일에 의해 재평가되면서 그의 유해
를 애국열사릉에 이장하고, 2011년에는 탄생 100주년을 기념할 정
도로 완전히 복권되었다. 이에 따라 『조선민족무용기본』이나 『조선
아동무용기본』이 매체에서 재조명되기도 하였다.

> 남조선무용가들 속에는 생활고에 시달리던 나머지 무대를 버리
> 고 **댄스홀과 카바레 등에서 '맘보', '록큰롤', '차차차'와 같은 세
> 기말적인 음탕한 춤**을 추지 않으면 안 될 운명에 있지 않은가
> (중략) 더욱이 나의 유망한 제자였던 한 무용수가 '음탕한 춤을
> 추고' 있다는 남조선의 출판물을 읽었을 때 그야말로 나의 눈앞
> 이 아득하여짐을 어찌할 수 없었다.
> 지금 남조선의 무용예술은 **미제의 음탕한 무용**의 침투로 말미암
> 아 헤여날 수 없는 탁류 속에서 허덕이고 있다.[13]

"아메리카 춤"을 좋아하고, 조선에 "땐쓰홀이 없어서 문제"라고
생각한다는 1938년의 최승희는 1962년에 자신의 견해를 완전히
바꾸어 표명하였다. 이후 기고한 "로동당 시대에 찬란히 꽃핀 무용
예술"에서도 『조선군중무용기본』을 다른 두 권의 책과 함께 "당의
직접적 지도에 의하여" 창제하였다고 표현하였으니 문제 될 것이 없

---

12) 정상진, 『아무르 만에서 부르는 백조의 노래: 북한과 소련의 문학·예술인들 회상기』,
   p. 73.
13) 최승희, 「남조선 무용가들에게」, 『문학신문』 1962.7.20.

어 보인다. 그런데 유독 『조선군중무용기본』만 자취를 감춘 이유가
무엇일까?

5. 풀리지 않은 숙제

북한 주민들의 군중무용 추는 문화는 남한에서 좀처럼 보기 어려
운 흥미로운 현상이다. 북한당국은 군중무용을 집단주의 사상 고취
와 당정책 관철을 위한 목적으로 활용하고 있지만, 예술 형식 그 자
체만으로 평가했을 때는 분명 남북한 사회통합에 도움이 될 훌륭한
유산이다.

군중무용에 관해서는 이 글을 통해 풀지 못한 숙제가 남겨졌기
때문에 향후 관련 전문가들에 의해 더욱 깊이 있는 연구가 수행되어
야 한다는 희망이 있다. 북한당국이 모든 예술의 기원을 김일성의
항일혁명투쟁 시기로 삼고 있으므로 군중무용 역시 북한 주민들에
게는 김일성의 "혁명적예술유산"으로 알려져 있지만, 필자는 북한
군중무용의 기원이 최승희로부터 비롯되었을 가능성에 더 큰 비중
을 두고 있다. 만약 최승희가 북한 군중무용의 창시자라는 것을 입
증할 수 있는 작은 기록 몇 건이라도 더 찾을 수 있다면 북한 군중무
용의 기원과 발전 과정 연구는 완전히 다른 각도에서 수행할 수 있
을 것이다.

북한 주민의 군중무용 추는 문화는 1946년부터 1949년 사이에
이미 정착되었고, 해당 시기의 군중무용은 서양문물을 수용하여 "사

교딴쓰"라는 용어로 호명되고 있었다. 그러나 1950년대부터 북한당국은 자신들의 군중무용을 "건전한 문화정서생활"로, 남한의 사교댄스는 "미제가 침투시킨 세기말적인 음탕한 무용"이라 표현하면서 북한 주민들이 "사교딴쓰"를 향유하던 흔적을 지우기 시작했다. 이후 1967년 김일성의 유일지배체제가 완성되면서 북한 군중무용은 온전히 "항일혁명유산"으로 전변하게 된다.

만약 북한의 군중무용이 정말 김일성의 항일혁명무용을 복원한 것이라 해도, 그 안무 복원 작업을 이끌고 구체화시킨 사람이 있을 텐데, 그것이 최승희가 아닐까? 만약 다른 사람이라 하더라도, 그 안무를 처음으로 복원한(혹은 리메이크한) 사람은 누구일까? 최승희가 만들었다는 "조선식 사교춤"은 항일혁명무용이라는 것을 참고했을까? 최승희의 『조선군중무용기본』은 왜 사라졌을까? 남아 있는 자료가 전혀 없을까? 최승희가 사교춤을 비난하는 글을 발표했기 때문에 최승희의 사교춤 관련 자료가 모두 사라진 것은 아닐까? 아니면 김일성의 항일혁명유산을 부각하기 위해 최승희의 노작을 모두 소각하고 최승희에게 사교춤 비난 발표를 하도록 누군가 시킨 것일까?

비록 다양한 측면에서 제기할 수 있는 비약의 우려도 있으나, 북한 군중무용 문화 발전에 관한 필자의 문제의식은 이 글을 마치는 지금부터 다시 시작된다. 과연 북한의 '떼춤' 문화를 만든 사람은 누구인가. 이 풀리지 않은 숙제는 최승희가 "조선식 사교춤"을 창작했다는 기록에 주목하여 다시 출발해야 한다.

참고문헌

1. 국내문헌

김예라, 「Folk Dance의 연혁」, 『무용』 제7호, 1972, pp. 67~70.
성혜랑, 『등나무집』, 서울: 지식나라, 2000.
정상진, 『아무르 만에서 부르는 백조의 노래: 북한과 소련의 문학·예술인들 회
　　　상기』, 서울: 지식산업사, 2005.

2. 북한문헌

김일성, 「문학예술을 더욱 발전시키기 위하여": 조선로동당 중앙위원회 정치위
　　　원회에서 한 결론 1954년 8월 10일」, 『김일성저작집 9(1954.7~1955.
　　　12)』, 평양: 조선로동당출판사, 1980.
김정일, 「온 사회에 문화정서생활기풍을 세울데 대하여: 조선로동당 중앙위
　　　원회 책임일군들과 한 담화 1989년 1월 5일」, 『김정일선집 9(1987~
　　　1989)』, 평양: 조선로동당출판사, 1997.
김정일, 「우리의 주체예술을 더욱 발전시키기 위하여: 조선로동당 중앙위원회
　　　선전선동부 및 문화예술부문 일군들앞에서 한 연설 1975년 5월 6일」,
　　　『김정일선집 5(1975~1977)』, 평양: 조선로동당출판사, 1995.
김정일, 『무용예술론』, 평양: 조선로동당출판사, 1992.
백과사전출판사 편, 『조선대백과사전 18: 조선민주주의인민공화국』, 2001.
사회과학원 문학연구소, 『문학예술사전』, 평양: 사회과학출판사, 1972.
최승희, 「1938년 1월 24일 『헐리웃 선』지와의 인터뷰」, 『삼천리』 제10권 제8
　　　호, 1938.

최승희, 「남조선 무용가들에게」, 『문학신문』 1962.7.20.

최승희, 「로동당 시대에 찬란히 꽃핀 무용 예술」, 『조선예술』 10월호, 1965.

「주체적무용예술발전의 앞길을 밝힌 강령적지침」, 『로동신문』 2020.11.30.

「우리 사회를 더 밝고 약동하게 하는 군중예술과 군중체육」, 『로동신문』 2022.
　　　　2.27.

「전국소년단원들의 충성의 편지이어달리기대렬들이 평양을 향하여 계속 달리
　　　　고 있다」, 『로동신문』 2023.5.31.

「건설장의 우등불」, 『로동신문』 2023.9.27.

「수도건설의 대번영기를 줄기차게 펼쳐가는 기적의 화성속도, 화성신화 화성
　　　　지구 2단계 1만세대 살림집건설자들이 인민을 위한 우리 당의 숙원을
　　　　또 하나 빛나게 실현한데 대하여」, 『조선중앙통신』 2024.4.18.

3. 기타 자료

한국포크댄스협회 홈페이지, http://folkdance.kr/

북한 시장활동 여성들의
비공식 사회관계망 탐구*

/

조현정

1. 들어가며

북한을 바라보는 시각에는 두 가지 렌즈가 있다. 하나는 '폐쇄적인 북한 정권'을 바라보는 시각이고 다른 하나는 '변화하는 주민'들을 바라보는 시각이다. 우리는 미지의 세계인 북한을 줄곧 '적대의 대상'이자 '화해의 대상'이라는 이중적인 잣대 안에서 그들을 관찰해 왔다. '북한 정권과 주민', '갈등과 협력'이라는 상반되는 대상과 좁혀지지 않는 노선 속에서 분단은 반세기가 훌쩍 넘어 어느덧 한 세기를 향하여 달리고 있다. 그 사이 북한 역시 많은 사회변화를

* 이 글은 「시장활동에 참여했던 북한 여성들의 비공식 사회관계망 고찰」, 『통일인문학』 91권, 2022 원고를 수정·보완한 것이다.

겪어왔다. '고난의 행군'을 기점으로 국가의 계획경제구조는 붕괴되고 자생적인 시장이 출현하였으며 국가의 수직적 권력관계와 공적 사회관계망의 기능이 약화되었다. 반면 개인을 중심으로 하는 비공식적 권력구조와 네트워크들이 신경망처럼 생겨났고 여성의 시장 활동으로 말미암아 그들의 지위와 역할이 보다 역동적으로 변화되었다.

여성은 경제난 이전까지만 하더라도 집안일과 자녀의 양육을 전담하면서 '최고사령부의 작식대원'답게 혁명과 건설에 필요한 대소사를 뒷바라지하는 조력자로서의 역할을 짊어져 왔다. 즉, 가정 내에서는 조용히 내조하며 남편과 자식을 돌보는 역할을 담당해야 했고, 사회적으로는 혁명과 건설의 후방을 담당하는 후원자 혹은 조력자의 역할에 머물러야 했던 것이다. 하지만 북한의 공식적인 계획경제 체제의 붕괴로 배급이 정상적으로 이루어지지 않자 여성들은 식량 해결을 위한 '생활전선'에 뛰어들었다. 조직 생활에 강하게 묶여 있던 남성들과는 달리 사회적 소외대상으로서 비교적 느슨한 조직생활에 참여하던 여성들이 식량 해결에 대한 막중한 부담을 떠안게 되는 상황으로 역전된 것이다.

최근 들어 북한 여성들이 사회주의 경제건설을 위한 물적·인적자원으로서의 역할을 수행해야 할 책임은 거의 공식화되고 있다고 해도 과언이 아니다. 김정은은 2021년 6월에 열린 여맹대회에서 여성들이 '살뜰한 며느리', '다정한 안해', '다심한 어머니', '인정 많은 이웃'으로의 역할을 함과 동시에 '사회주의 건설의 영예로운 일터'들에 달려 나가야 할 것을 강조하였다. 여기에 더하여 '최고사령부의 작식대원', '총 잡은 남편들의 부사수', 군인들의 '맏형수·맏누이'의 역할도 해낼 것을 지시하였다. 기존의 전통적인 여성의 역할을 당연히 감당하면서도 '인민반'과 같은 조직을 통해 물질적 부담을 지우는 동시에 이 시대의 여성혁명가로서 사회주의 노력 현장에 투입될 것을 강조하고 있다. 이는 북한 정권 역시 여성들이 가진 인적·물적 자원의 중요성을 인식하고 있음을 시사한다. 이처럼 오늘날의 북한 여성은 더 이상 사이더(Sider), 팔로워(Follower)가 아닌 혁명과 건설을 추동하는 중심 세력이며 동시에 북한 사회의 변화를 이끄는 주요 행위자들이다.

북한 여성들은 국가가 부여하는 막중한 가정적, 국가적 임무를 수행하기 위하여 시장을 통한 경제활동을 적극적으로 해나가고 있다. 그 과정에서 그들은 경제·사회·문화 등과 밀접하게 관련된 다양한 공식·비공식적 네트워크를 구축할 뿐만 아니라 소위 '알쌈', '안면', '대방' 등으로 불리는, 암묵적 인간관계들을 형성하고 있다. 공식적으로 정형화된 관계들보다는 비공식적으로, 무질서하지만 촘촘하게 연결된 사적 관계망들이 더욱 활성화되어 기존의 사회관계망을 변화시키고 있는 것이다. 이러한 변화는 북한 사회관계망의 기존 질서를 재검토할 것을 요구한다. 즉 북한 사회의 실질적인 변화 확인을 위해서는 시장화의 주체인 여성을 중심으로 그들이 누구와 어떠한 관계를 맺고, 그것을 통해 무엇을 성취하며 어떻게 삶을 지탱해 나가는지, 그것이 북한 사회에 어떠한 변화를 가져올지와 같은 미시적인 연구가 필요하다고 하겠다.

본 연구에서는 북한 사회변화의 핵심 주체를 시장활동의 주체인 여성으로 보고 그들을 중심으로 하여 북한 사회의 기저에서 작동되는 비공식적인 관계망 또는 비구조화된 네트워크들에 대해 주목하자 한다. 여성을 중심으로 하여 비공식적이며, 동시에 역동적인 인적 관계망이나 네트워크들을 탐색하는 것은 북한 사회의 변화 연구나 북한 여성 연구에 있어서 강력한 실마리들을 제공하는 중요한 시도라고 볼 수 있다. 이를 위해 본 연구에서는 북한 여성을 중심으로 하는 사회관계망은 어떠한 형태로 나타나는가? 무엇을 중심으로 각각의 관계망들이 형성 또는 유지되는가? 관계망 및 인적 네트워크들은 북한 여성에게 있어서 어떤 의미인가? 와 같은 연구 질문을 설정하고 북한을 탈출한 북한이탈주민 여성들의 진술을 토대로 하여 북한 여성들의 비공식 사회관계망 형성의 양상을 다각도로 살펴보고자 한다.

2. 북한의 사회관계망 변화와 여성 연구 동향

1) 북한의 공식·비공식 사회관계망 변화

한 국가 또는 제도 안에서 사회관계망은 공식적 관계망과 비공식적 관계망이 혼재되어 있는 형태를 띤다. 공식적 관계망은 개인이나 집단들 사이의 명시적이고 공식적인 연결고리를 말하는 반면 비공식적 관계망은 법적으로 통제되지 않은 암묵적이고 개인적인 연결관계를 말한다.[1] 북한에서의 공식적 관계망은 국가 내에서 형성된 관료제적 조직체계가 주민들에게 침투해서 위로부터의 관리가 이루어지는 사회적 관계망을 말하며 비공식적 관계망은 구성원들의 사적 이해관계에 입각한, 이해타산적인 방식으로 주변 사람들과 맺어가는 사회적 연결고리를 의미한다.[2]

'고난의 행군' 이전 북한 사회관계망은 공적인 관계가 주를 이루었다. 하지만 경제난 이후 공적 관계망에만 의존해서는 생존 자체가 어렵게 되자 북한 주민들은 경제위기 상황에 대한 자조적 대응방안을 찾기 시작했고, 이는 사회적 관계망의 변화를 불러일으켰다.[3] 북한의 사회연결망 변화는 고난의 행군을 기점으로 한 '시장화의 출현'과 더불어 본격적으로 시작되었다고 볼 수 있다. 이는 배급제라는 공식적 관계망을 통한 국가통제의 물질적 기반이 와해되고 기존의 공적 관계망이 약화됨과 동시에, 사적 관계망과 같은 비공식적 관계망이 이를 대체하였기 때문이다.[4] 특히 가정에서 남편을 내조하고 자식들을 돌보는 역할을 담당했던 여성들이 남성들과는 달리 비교적 느슨한 조직생활 통제를 틈타 식량 해결을 위해 시장에 뛰어들면서 기존 체제에서는 미미했던 사적이고 비공식적인 인적 관계들이 급격히 활성화되었다. 그렇다고 여성의 사회적 생산

1) Jozsef B. & Caleb S., "'Who You Know' Earnings Effects of Formal and Informal Social Network Resources under Late State Socialism, Hungary," *Journal of Socio-Economics 27-3,* University of Oregon, 1998, p. 402.
2) 장세훈, 「북한 도시 주민의 사회적 관계망 변화: 청진·신의주·혜산 지역을 중심으로」, 『한국사회학』 제39권 2호, 2005, p. 107.
3) 장세훈, 「북한 도시 주민의 사회적 관계망 변화: 청진·신의주·혜산 지역을 중심으로」, 『한국사회학』 제39권 2호, 2005, p. 121.
4) 조정아 외, 『북한 주민의 일상생활』, 서울: 통일연구원, 2008, p. 274.

노동이 줄어든 것은 아니다. 임순희에 의하면 여성은 생산노동을 하면서도 무보수 가사노동을 담당하는 동시에 가족의 생계를 보장하였고, 이를 위해 친족 연계망을 유지하고 활용하는 매개자적 역할도 담당했다는 것이다.[5] 북한에서 가족관계는 가장 중요한 '비공식 네트워크'로 기능하고 있다.[6] 또한 인민반 혹은 이웃을 중심으로 정보, 장사, 검열 등에 있어서 서로 협력하는 비공식적인 교환관계가 발생한다.

한편 학계에서는 사회적 관계망이 북한 사회의 사회적 자본배분의 중요한 경로가 된다는 점을 인식하고 이에 주목하고자 하였다. 장세훈은 사회적 관계망이 경제적 위기 상황에 적응하기 위한 사회적 자원으로 널리 활용되면서 그 내용과 형태가 크게 바뀌고 있으며, 따라서 사회적 관계망이 북한 사회변화를 감지하는 일종의 시금석이 될 수 있다고 보았다.[7] 박영자 외는 시장경제가 북한의 비공식 영역에서 발생하였으며, 그 과정에서 발전한 '정보화' 역시 비공식 영역에서 진전되었다고 보고,[8] 이와 같은 북한 사회의 변화에 조응하는 시사점을 찾고자 하였다. 조정아 외의 경우는 사회적 관계망이 일종의 사회적 자본으로 작용하여 주민들의 생활수준과 경제적 계층 이동에 큰 영향을 미친다고 보았다. 그는

5) 임순희, 『식량난과 북한여성의 역할 및 의식변화』, 서울: 통일연구원, 2004, p. 6.
6) 박영자 외, 『김정은 시대 북한 경제사회 8대 변화』, 서울: 통일연구원, 2018, p. 243.
7) 장세훈, 「북한 도시 주민의 사회적 관계망 변화: 청진·신의주·혜산 지역을 중심으로」, 『한국사회학』 제39권 2호, 2005, p. 101.
8) 박영자 외, 『김정은 시대 북한 경제사회 8대 변화』, 서울: 통일연구원, 2018, p. 281.

혈연관계 이외에도 장사와 연계된 관계망과 안면 및 뇌물을 매개로 한 관료와의 관계를 북한 사회의 중요한 관계망으로 간주하였다.[9]

반면 박현선은 북한 주민들이 생계를 위해 사용하는 연결망에는 공적 연결망과 사적 연결망이 있는데, 공적 연결망은 직장관계, 사회단체 관계, 국가·당 관계 등을 의미하고, 사적 연결망은 친족관계, 이웃관계, 친구관계 등을 의미한다고 보았다.[10] 하지만 이 같은 공식적 관계망과 사적·비공식적 관계망은 엄밀히 구분되지 않는다. 비공식적 관계망이 활성화되면서 공식적 관계망이 이에 포섭되거나 변질되는가 하면 사적 관계망이 공적 관계망을 대신하거나, 공적 관계망의 기능을 수행하기도 한다는 것이다. 장세훈에 의하면 사회주의 경제체제의 토대가 와해되면서, 공적 관계망이 위축되거나 기능이 저하되는 반면 공동체적 관계망[11]과 사적 관계망은 오히려 활성화되기 시작하였고, 특히 공적 관계망과 공동체적 관계망이 이에 포섭되고 통합되면서 변질되는 양상을 보인다고 주장하였다.[12] 조정아의 경우에는 비공식적인 개인의 사적 연결망이 공적 조직의 역할을 대신하고 있다고도 보았는데, 이는 전통적으로 직장이나 인민반

---

9) 조정아 외, 『북한 주민의 일상생활』, 서울: 통일연구원, 2008, pp. 273~277.

10) 박현선, 『현대 북한 사회와 가족』, 파주: 한울아카데미, 2003, p. 248.

11) 장세훈에 의하면 공동체적 관계망(communal network)은 전통사회의 촌락 공동체에서 흔히 볼 수 있는 형태로, 아직 개인, 국가, 시민사회의 분화가 이루어지기 전에 형성된 소규모 집단에서 집단의 집합적 이해관계에 기반해서 주로 대면적인 접촉을 통해 맺어지는 정서적 유대관계를 가리킨다(장세훈, 「북한 도시 주민의 사회적 관계망 변화: 청진·신의주·혜산 지역을 중심으로」, 『한국사회학』 제39권 2호, 2005).

12) 장세훈, 「북한 도시 주민의 사회적 관계망 변화: 청진·신의주·혜산 지역을 중심으로」, 『한국사회학』 제39권 2호, 2005, p. 100.

등에서 구성원이나 가족들이 야유회를 가거나 혁명전적지 방문 등 조직적인 여가생활을 즐기던 것과는 달리 최근에는 개인들이 공적 조직을 대신하여 야유회나 여행 등 여가를 함께 즐기기 때문이라는 것이다.13) 최지영 외는 인민반과 같은 공식적인 조직들이 주로 개인에게 물품 또는 돈을 내게 하는 방식으로 맡겨진 공식적인 의무를 수행하고 있으며,14) 시장화 이후 북한 사회가 권력에 따른 수직적 네트워크만 요구하는 것이 아니라 이권 조직과의 수평적 네트워크도 겹겹이 이루어지고 있다는 점에 주목하였다.15) 그 밖에도 당비서와 지배인, 노동자와의 관계를 다룬 정일영16)의 연구나 주민과 보안원의 관계를 다룬 곽명일의 연구는 북한 내의 공식적인 관계망 내에서의 비공식 관계를 여실히 드러내 보인다.17)

이러한 현상들은 기존의 사회주의 체제하에서 소멸 직전의 상태로 내몰리던 사적 관계망이 다시 소생하고 있다는 것과,18) 사적 관계망의 활용 자체는 물질적 지원을 포함하고 있기 때문에, 생계 유지를 직접적으로 보장하는 것인 반면 공적 관계망의 활용은 경제활동을 지원하거나 재생산 활동을 보장받기 위한 조건으로서 작용한

13) 조정아, 『북한 주민의 여가생활』, 서울: 한국개발연구원, 2019, p. 8.

14) 최지영 외, 『북한 일상생활 공동체의 변화』, 서울: 통일연구원, 2021, p. 237.

15) 최지영 외, 『북한 일상생활 공동체의 변화』, 서울: 통일연구원, 2021, p. 206.

16) 정일영, 「공장관리체제를 통해 본 북한 사회의 변화: 당비서-지배인-노동자 삼각관계의 변화를 중심으로」, 『통일연구』 제17권 1호, 2013, pp. 5~36.

17) 곽명일, 「북한 인민보안원과 주민의 관계 연구」, 『현대북한연구』 제19권 1호, 2016, pp. 44~86.

18) 장세훈, 「북한 도시 주민의 사회적 관계망 변화: 청진·신의주·혜산 지역을 중심으로」, 『한국사회학』 제39권 2호, 2005, p. 121.

다는 것을 시사한다.[19] 시장이 자원의 분배를 주도하고 있는 까닭에 비공식 부문에서 획득한 소득이 북한경제를 이끌어가고 있으며 새로운 가치와 규범이 식량난 이전의 가치 규범들과 경합하기도 하며, 결과 다양한 일탈 행위들이 정당화되고, 정치 권력과 돈이 결탁하여 더 큰 권력들이 만들어지고 있는 것이다.[20]

이상과 같이 기존의 북한 사회관계망 연구들은 공적·사적 영역 안에서 변화되고 있는 다양한 관계를 밝혀냈다는 측면에서 의의가 있지만, 여성의 주도적 행위를 설명하지 못한 한계가 있다. 북한의 공적·사적 사회관계망을 유지하고 활용하는 데 있어 오늘날 여성들의 매개자 역할[21]은 더 활발해진다고 볼 수 있다. 이는 기존 연구들에서 나타난 북한 사회관계망의 중요 키워드들인 '가족관계망', '시장관계망', '인민반 및 이웃관계망' 속에 있는 행위 주체가 대부분 여성들이기 때문이다. 이에 본 연구는 사적 관계망의 매개로 활약하는 여성의 역할에 주목하여 이들의 비공식 사회관계망을 구체적으로 살펴보고자 한다. 북한의 사회관계망 안에서 주도적 행위를 담당하는 주체였지만, 그동안 부각되지 못했던 북한 여성들의 비공식 사회관계망에 초점을 둔다는 데 있어 기존의 북한 사회관계망 관련 연구와 차별성을 갖는다.

19) 박현선, 『현대 북한 사회와 가족』, 파주: 한울아카데미, 2003, p. 280.
20) 박영자 외, 『김정은 시대 북한 경제사회 8대 변화』, 서울: 통일연구원, 2018, p. 185.
21) 임순희, 「식량난이 북한 여성에게 미친 영향」, 『통일문제연구』 제43권 1호, 2005, p. 6.

2) 시장화 이후 북한 여성 연구동향

북한 사회와 주민들의 일상 변화는 경제난이 시작된 '고난의 행군'을 기점으로 하고 있다. 고난의 행군 직후, 시장의 본격적인 활성화가 시작된 2000년 초부터 2021년까지 북한 여성과 관련된 연구들을 살펴본 결과 '북한 체제의 여성 담론에 관한 연구' 34편, '북한 여성의 인권 실태를 다룬 연구' 8편, '북한 여성의 지위와 역할의 변화에 관한 연구' 9편, '북한 여성들의 생활문화 양식의 변화를 다룬 연구' 5편, '북한 여성들의 의식 및 가치관 변화에 관한 연구' 10편으로 확인되었다.

첫째, 여성 담론에 관한 연구들을 살펴보면, 기타 문헌 및 매체들에서 나타나는 여성에 대한 정권의 시책 또는 사회적 담론들을 분석하는 것에 목적을 두고 외부자의 관점에서 북한 정권에 의해 여성들에게 강요되는 정책 및 담론을 북한의 공식 문헌들을 통해 분석하였다. 예를 들어 이상숙에 따르면, 북한의 대표적 여성 시인 렴형미의 시를 통해 북한 시문학에 나타난 여성의 삶, 여성성, 여성 시인의 작가 의식, 젠더 의식 등을 살펴보았다. 그는 렴형미의 시를 통해 '여성 화자', '여성 주제', '여성 생활'을 충실히 묘사하면서도 국가, 남성, 아들을 사회주의 이념과 노동자의 중심에 두고 여성, 여성의 삶을 그 주변에 두고 북한의 시문학이라는 울타리 안에서 여성의 삶에 대한 피상적이고 수사적인 형상화를 반복하는 인식적 한계를 지적한다.[22] 결론적으로 여성 담론에 관한 연구는 다른 연구들보다 많은 비중을 차지하고 있지만, 아직 여성을

주체로 보고 북한 사회의 변화를 고찰하려는 시도는 미흡하다고
볼 수 있다.

　둘째, 북한 여성의 인권 실태를 다룬 연구들에서는 식량난과 더불
어 여성의 사회적·가정적 부담이 증가하고 그에 따라 여성의 권익
이 제대로 보장되지 않는 현실을 구체적으로 분석하고자 하였다. 북
한 여성의 인권에 관한 연구 중 강채연의 논의에서는 북한에서 여성
노동력이 가지는 의미를 국가 경제의 저비용 핵심 노동력, 가족경제
의 3대 노동력(가사·생계·부역), 시장경제의 중심노동력으로 분류
하고 경제 전반에서 여성에게 부여되는 책무는 몇십 배로 증가하고
있지만, 그들은 여전히 집단주의의 대상에 불과하며 북한 여성의 인
권은 여전히 사각지대에 남아있음을 주장한다.[23] 이와 같은 연구들
은 북한 사회에서 여성에게 주어진 책임과 무게, 나아가 여성의 인
권을 논하고자 하였다는 점에 있어서 중요한 의의를 갖는다. 다만
그러한 삶 속에서 여성의 인식이나 가치체계 등이 어떠한 변화를
겪는지와 같은 미시적인 차원에서의 분석이 부재했다는 한계를 갖
는다.

　셋째, 북한 여성의 지위와 역할의 변화에 관해 논한 연구들에서
는 여성의 경제적 활동에 기반하여 가정에서의 결정권이 강화되고
사회적 지위가 강화된 부분들이 확인되었다. 조영주는 시장 자체

---

[22] 이상숙, 「렴형미 시 연구: 여성을 담는 거울과 공허한 전형」, 『우리문학연구』 제68집,
　　2020, pp. 567~600.
[23] 강채연, 「북한 여성노동력의 경제적 의미와 인권: 사회적 참여정책과 영향을 중심으
　　로」, 『아시아여성연구』 제59권 2호, 2020, pp. 7~45.

가 갖는 성별화된 특성과 시장 공간에 투영된 젠더 위계, 이데올로기 등으로 인해 여성의 젠더 역할변화는 한계를 갖지만 그럼에도 불구하고 여성이 국가의 규제와 통제하에서 스스로 시장을 '자신의 공간'으로 만들어가고 있다는 점에서 기존 젠더 질서의 변화 가능성을 찾을 수 있다고 보았다.[24] 반면 박현선은 북한 경제개혁 이후 가족과 여성생활의 변화에 있어 북한의 경제개혁과 사회개혁이 국가적 차원에서 효율성 제고와 국가 경쟁력 확대를 추구하고 있으나, 사적 차원에 있어서는 국가의 부담을 고스란히 개인과 가족이 떠안게 되고, 그 부담의 최종 종착지는 바로 가족경영의 주체인 여성이 된다는 점을 강조한다.[25] 이 같은 연구들은 여성들을 자신의 삶과 가족의 미래에 대한 기획자이자 규범에 도전하는 주체로 재구성하고 있다는 점[26]에 있어서 긍정적인 평가를 내릴 수 있다. 다만 여성이 자신의 삶과 가족의 미래의 변화에 도전하는 주체일 뿐 아니라 사회변화를 주도하는 핵심 동력이 될 수 있는지와 같은 거시적 논의까지는 확장시키지 못했다는 점을 한계로 지적할 수 있겠다.

넷째, 여성들의 생활문화 양식의 변화를 다룬 연구들은 주로 여성의 헤어스타일과 선호직장 등에 관한 연구들로서 북한 여성 연구에 있어서 소수를 차지한다. 박은주·김민정은 북한 여성의 생활사를 중

---

24) 조영주, 「북한의 시장화와 젠더정치」, 『북한연구학회보』 제18권 2호, 2014, p. 95.
25) 박현선, 「북한 경제개혁 이후 가족과 여성생활의 변화」, 『여성학논집』 제22권 1호, 2005, p. 79.
26) 조영주, 「북한의 시장화와 젠더정치」, 『북한연구학회보』 제18권 2호, 2014, p. 95.

심으로 서로에 대한 이해를 돕고 동질성을 회복하는 것을 목적으로 북한이탈주민의 구술 및 북한의 간행물을 통해 북한의 미용 실태를 파악하였다.[27] 김화순 외는 고난의 행군기 전후부터 김정은 정권의 등장 전까지 북한 여성의 직업생활을 분석함으로써 여성은 결혼을 기점으로 '시장진출형', '여성간부 발전유형', '결혼 이후 직장지속형'으로 진로가 재분화된다는 사실을 밝혀냈다.[28] 정치체제 속에서 여성을 분석하려는 기존의 연구들과는 달리 여성 개인에 집중하여 그 행위와 문화양식을 있는 그대로 들여다보려고 했다는 점에 있어서 의의가 있다. 그러나 이런 일상의 변화들이 어떻게 사회변화를 이끌어가는지와 같은 연구는 논외로 했다는 점에서는 아쉬움을 남기고 있다.

다섯째, 북한 여성들의 의식 및 가치관 변화 연구들은 정책과 담론, 기타 사회변화의 흐름 속에서 여성 연구를 시도했던 기존 문헌들과는 달리, 여성을 주체로 하여 그들의 의식의 변화와 그 흐름을 보여줌으로써 북한 사회변화의 또 다른 측면을 강조하고자 했다는 점에 있어서 중요하다고 할 수 있겠다. 구수미·오유석은 청진, 신의주, 혜산을 중심으로 세 도시에서 국가의 가족 여성 공공정책이 어떻게 관철되었으며 그 결과 세 도시 여성의 삶과 의식에 미친 영향은 무엇이었는지를 무엇인지를 밝혔다.[29] 임순희는 식량난 이후 여

27) 박은주·김민정, 「북한 여성의 헤어스타일에 관한 연구: 2000년 이후를 중심으로」, 『한국인체미용예술학회지』 11호, 2010, pp. 1~12.
28) 김화순·안지영·함연희, 「첫 직장과 결혼: 북한 여성의 직장진출과 진로분화」, 『통일인문학』 제84집, 2020, p. 183.

성의 의식 변화에 있어서 북한 여성들은 더 이상 맹목적인 희생과 헌신에 자신을 매몰시키려 하지 않고 인생의 주체로서 개성 있는 자아를 지향하고 있으며, 나아가 시장의 활성화는 여성들에게 존재하던 자본주의에 대한 거부감을 완화시켰다고 보았다.[30] 이러한 연구는 북한의 식량난과 시장화가 북한 여성의 의식 변화에 어떠한 영향을 미쳤는지를 살펴보았다는 데에 있어서 기존 연구들과의 차별성을 갖는다. 하지만 이런 변화가 어떻게 시작되고, 또 어떻게 확산·공유되는지와 같은 양상을 밝혀내는 것은 또 다른 후속 연구 과제로 남는다. 즉 이러한 과제에 도전하는 것은 북한 여성의 삶과 더불어 북한 사회를 보다 심층적으로 분석하는 데에 있어서 커다란 의의를 갖는다고 볼 수 있다.

따라서 본 연구에서는 여성의 지위와 역할, 가치관과 의식의 변화에서 더 나아가 여성을 사회변화의 동력으로 보고 이들을 중심으로 비공식적이고 비구조화된 네트워크들에 주목한다. 특히 북한 여성들의 변화된 의식과 가치관, 그리고 문화와 생활양식이 어떻게 공유·확산되고 있는지를 이들의 비공식 사회관계망 활용에 초점을 두고 분석하였다.

29) 구수미·오유석, 「북한 도시 여성의 삶과 의식-청진, 신의주, 혜산을 중심으로」, 『사회와역사』 65호, 2004, p. 311.
30) 임순희 외, 『식량난과 북한여성의 역할 및 의식변화』, 서울: 통일연구원, 2004, pp. 93~98.

3. 북한 여성들의 비공식 사회관계망 형태[31]

본 장에서는 시장활동에 참여했던 북한 여성들의 비공식 사회관계망 형태가 어떻게 형성되고 있는지를 북한이탈여성들의 구술자료를 토대로 분석하였다. 위의 자료분석을 통해 분류된 각각의 비공식 사회관계망 형태는 완전히 분리되었다고 보기는 어렵다. 이러한 형태는 필요에 따라 서로 긴밀하게 연결되기도 하고 분열과 소멸을 거듭하면서 새로운 형태로 확장되기도 한다. 그럼에도 시장활동에 참여했던 북한 여성들의 사회관계망 안에서 이루어지는 형태를 분류하는 시도는 필요하다. 이들의 친밀하고 은밀한 또는 수평적·수직적으로 연결되는 사회관계망 탐구는 북한 여성들의 일상을 통해 경험하는 삶의 역동성을 미시적 행위 차원에서 드러낼 수 있다고 보았기 때문이다. 이에 따라 본 장에서는 북한 여성들의 사적 사회관계망을 친분 관계망, 경제수단 관계망, 지역사회 관계망으로 분류하고, 이들의 비공식 사회관계망 분석에 대한 실증적 접근을 시도하였다.

---

[31] 북한 여성의 비공식 사회관계망 연구를 수행할 수 있게 도움을 주신 5명의 연구참여자분께 진심으로 감사드린다. 연구참여자의 인적 사항은 다음과 같다.

No	연구참여자	연령	북한 탈북 시기	남한 입국 시기	북한 거주 지역	북한 직업	북한에서의 생활수준 정도
1	참여자A	40대	2019년	2019년	양강도	소·도매업	중
2	참여자B	30대	2016년	2016년	양강도	밀수업	중상
3	참여자C	60대	2016년	2017년	평양시	소매업	중
4	참여자D	30대	2018년	2019년	양강도	밀수업	중상
5	참여자E	50대	2017년	2017년	함경북도	소매업	중

1) 친분 관계망

(1) 가족·친척 관계

북한의 가정은 사회를 구성하는 최소단위로서 하나의 세포조직으로 명명된다. 가정을 공고히 하는 것은 사회주의 발전의 중요한 담보이기 때문이다. 이와 같은 사회질서와 더불어 북한의 가부장적 구조는 여성들에 대한 헌신과 희생을 더욱 강요하였다고 볼 수 있다. 사회주의 대가정에 속하는 가정에서 여성은 사회적 책무와 자애로운 어머니상 모두를 요구받는 것이다.[32] 그러나 1990년대 중반 이후 북한의 경제난으로 인해 생계를 위한 가정의 해체가 빈번하게 일어났다. 다행히 시장활동을 통해 경제난을 조금씩 극복하면서 가정은 회복과 재구성으로 그 모습을 나타냈지만, 이 과정에 북한 여성들은 장마당과 같은 비공식 경제활동에 참여하면서 소득 축적과 역할변화를 보여주었다.[33]

경제난 이전에는 여성들이 남편을 잘 내조하고 자녀를 양육하는 종속적·보조적 역할에 충실했다면, 경제난 이후에는 가정의 경제와 살림살이, 자녀양육까지 책임져야 하는 이중 부담을 감당하면서도,[34] 가정과 지역사회에서 행위의 주체로서 주도적인 역할을 수행하고

---

32) 정은찬, 「시장도입에 따른 북한여성의 경제적 역할변화」, 『세계지역연구논총』 제37권 4권, 2019, p. 129.
33) 김혜영, 「북한 가족의 특징과 변화의 불균등성」, 『가족과 문화』 제29권 1호, 2017, pp. 99~100.
34) 정은찬·김재현, 「경제난 이후 북한여성의 실질소득격차분석」, 『아시아여성연구』 제53권 1호, 2014, p. 62.

있는 것이다. '여자가 없으면 집안이 망하는 거고, 남자는 완전히 꽃제비'가 된다는 참여자 E의 증언처럼, 이제는 여성들의 능력에 따라 가정의 결속이 좌우된다고 해도 과언이 아니다. 여전히 가부장적인 요소가 존재하지만 그럼에도 여성의 역할은 가정의 생계와 직결되기 때문이다. 여성을 중심으로 한 북한의 가족은 이제 사회발전을 위해서가 아니라 조금이라도 더 경제적인 부를 축적하면서 서로 정을 나누고, 잘 살아남기 위한 결속체로 존재하고 있다.

> 우리 집 같으면 명절 때 사촌 언니네 딸까지 오니까, 그렇게 명절 때 모두 윷놀이 하고, 생일 때 다 모이고 명절 때 모이고, 야 누구 집에 가서 모이자, 하면 자연히 같이 놀지. 그렇게 해가지구 4촌, 5촌들까지 모여서 밤새 뭐 새벽 3~4시까지 먹고 놀고 그렇게 해. (참여자 A)

> 아무래도 거기(북한)는 협동 공동단체니까, 사회주의 사회니까 다 모여서 아침 일찍부터 다 조직이 다 이렇게 모든 걸 조직적으로 이렇게 묶어놨으니까. 거기서 빠지면 못 사는 것처럼 국가에서 통제를 그렇게 하니깐, 그러니까는 아마 가족적으로 이렇게 다 모이는 것도 아마 그런 원리겠죠. (참여자 E)

북한 사회에서 가족들끼리 끈끈한 유대를 이어가는 것은 오랫동안 이어온 풍습이기도 하지만 경제난 이후의 이것은 생계와도 관련이 있다고 볼 수 있다. 이는 여성들의 시장활동이 활발해지면서 큰돈을 벌 수 있는 정보를 가족들에게 가장 먼저 공유한다는 증언에서 잘 나타나고 있다. 국가를 믿을 수 없고, 또 타인과 비즈니스를 할 경우 '뒤통수 칠 일'이 있을 수 있으니 '가급적이면 가족들끼리, 형제들끼리' 가족 단위로 장사를 하는 사례가 늘어난다는 것이다.

> 사업이라든가 장사라든가 이런 걸 이젠 다 가족이 해요. 가족주의 거든요. (중략) 국가가 공포정치를 하는 세상에서… 남이랑 같이 비즈니스 한다고 할 때엔 분명히 언젠가는 상대가 기분이 안 좋을 때 나를 물어버릴 수 있는 가능성이 있으니까, 그래서 이제는 사업이든 뭐든 다 형제파, 가족파로 하거든요. (참여자 C)

여기서 주목할 부분은 가족 간에 유대가 좋고, 자주 모일 수 있다는 것 자체는 가정의 경제적 수준을 전제하고 있다. 경제적 수준이 높을수록 생일, 명절 외에도 가족·친척들이 자주 모여서 맛있는 음식을 나눠 먹고 가정집에서 즐길 수 있는 놀이를 하면서 시간을 보낸다. 자주 만나는 친척 간에는 '장사 정보' 외 '남한에 대한 소식'도 자연스럽게 오가고, 가족 중 먼저 남한에 간 가족이나 친척들로부터 경제적 도움을 받거나 탈북할 수 있는 정보도 공유한다. 그뿐만 아니라 제3국(중국, 미국, 캐나다, 영국 등)의 소식도 주고받으며, 먼저 탈북한 가족으로부터 탈북을 권유받기도 한다.

> 몇 년 전에 외삼촌이 중국 넘어갔다가 캐나다로 갔는데, 가끔 연락이 되면 계속 오라고 그랬는데 그땐 겁이 나서 못갔죠. (참여자 D)

> (외국의 문화와 정치, 경제 정보에 대해) 그런 사실은 되게 민감하고 궁금해하고 그러지. 이제는 모든 사람들이 의식이 좀 많이

깨어 있다고 봐야 되니까, 외국 문화도 그렇고. 더 중요한 거는 탈북하는 사람들이 많아지다 보니까 우리도 언젠가는 탈북할 기회가 있지 않을까 이렇게 생각하고 살거든요. 그러다 보니 해외소식 이런 것도 많이 접하려고 해요. (참여자 C)

가족을 중심으로 하는 친·인척 간의 적극적인 연대와 재결속은 경제적 지위를 우선시하면서도 가끔은 '궁핍한' 친척을 도우며 공동체적 관계를 유지하는 역할을 한다.[35] 그러나 경제 상황에 따라 도움이 지속될 수 있는 것이 아니어서 가정형편이 어려우면 가족·친척 간에 '왕래를 잘 안 하고, 서로 틀어진 형제들도 많고' 관계 회복이 어려운 경우도 있다.

친척 모임이 있어. 명절마다 거의 다 모일 때 있고. 뭐 대사, 잘 지내는 가정이 있는가 반면에 또 이렇게 맞지 않아서 또 안 댕기는 것도 있고… (중략) 친척들도 잘 살면 명절 모임에도 무조건 참가해야 되고, 못 살면 안 참가해도 찾지도 않고. (참여자 E)

친척끼리도 만약 뭔 일이 생기면 서로 물고 뜯고 막 이런 사례도 있거든요. (중략) 솔직히 쌀독에서 인심 난다고 다 먹을 것이 풍족해야 부합되는 것 같더라고. 내가 봤을 때는 형제간에도 다 먹을 거 풍족해야 왔다 갔다 하지. 친척 집에 가도 밥 한끼도 진짜 눈치보이고 하면 오는 것도 다 부담스럽죠. (참여자 C)

---

35) 장세훈, 「북한 도시 주민의 사회적 관계망 변화: 청진·신의주·혜산 지역을 중심으로」, 『한국사회학』 제39권 2호, 2005, p. 123.

그럼에도 북한의 가족·친척 관계는 '막 그렇게 풍족하지는 않아도', '아직 때가 묻지 않아' 연대는 가능하지만, 경제 사정에 따라 재결속 여부가 달라지기도 한다. 이처럼 북한 사회 내부에서 친·인척 관계 안의 친목과 불화는 함께 존재하고 있지만, 사회에 대한 소소한 불평과 불만에서부터 정치적인 발언까지 공유하고 묵인될 수 있는 아주 친밀하면서도 은밀한 혈연적 연결망이다.

(2) 동창·친구 관계

북한 사회는 거주 이전의 자유가 제한되어 있어, 학교 동창생의 대부분은 같은 지역의 소학교·중학교 졸업까지 함께 하는 경우가 많다. 그래서인지 끈끈한 우정으로 인한 관계는 대학과 직장, 군대, 결혼 등 각자 일상의 변화에도 불구하고 친밀하게 지속되는 특성이 있다. 졸업 후 각자의 삶을 바쁘게 살아가면서도 사람들은 어린 시절부터 순수하게 정을 쌓은 학교 동창생들과는 다양하게 관계를 유지하고 있다. 특히 여성들은 학교를 졸업한 후 대학진학이나 군에 입대하는 사례가 드물기 때문에 같은 지역에서 사는 경우가 많아 더 자주 만날 수밖에 없다. 비공식 경제활동을 통해 경제적인 여유가 생긴 동창 여성들은 어떻게든 즐길 수 있는 다양한 방법을 찾고 있다.

> (중학교 동창이) 제일 오래 가지. 그러니까, 무슨 중학교 동창이
> 대학도 다르고, 다 다르지만, 사회생활도 다르지만, 그래도 지금

까지 유지되어 오니까. 그 그룹이 제일 오래가는 그룹이라고 봐야지. (참여자 A)

(동창 모임) 당연히 있지. 일 년에 한 번 모일 때 있고, 또 계기점마다 모일 때 있고. 명절 계기, 그러지 않으면 또 누구네 집에 또 경조사가 있어서 그때 모일 때가 있고, 어 생일이 돼서 모일 때가 있고. (중략) 전화 있는 애들은 전화를 하고, 또 무슨 시장에서 모여서 또 이렇게 만나서 하기도 하고 다양하지. (참여자 E)

동창들 집에 가서 하루씩 놀다 오고, 수다 떨다가 오고 할 일이 없을 때는. 그 외에 모인다라고 하면 2월 16일, 4월 15일, 무슨 명절, 설, 무슨 그 뭐, 없어서 못 놀잖아요? 기회가 없어서. 있지도 않은 태양절 해놓고, 그리고 5.1절, 등산 갈 때, 무슨 6.1절, 한 달에 한 번씩은 맨날, 그때는 다 명절 분위기를 세워가지고 놀러 다니고, 막 이렇게 한단 말이에요. (참여자 D)

이들은 국가 명절뿐만 아니라 개별적으로도 기회를 만들어 즐길 수 있는 방법을 찾는다. 여기서 동창들 사이 각자의 경제력은 관계를 유지하는 중요한 조건이다. 나름 '좀 사는' 친구들끼리는 각자 돈을 걷어 '더 자주 모여서 먹고, 마시고, 수다'를 떨며 즐긴다. 당장 끼니 해결이 어려운 친구들도 있는데, 이들은 스스로 참여를 꺼리며 동창들과 어울리고 싶어도 상황이 여의치 않아 의도적으로 피할 수밖에 없다.

첫 번째로 보면 가장 가까운 거는 (중학교 동창) 친구들이잖아요. 이렇게 친구들 모임 하는 것도 봐도 친구들도 솔직히 여기도 좀 가족 좀 사는 사람들끼리 이렇게 좀 모이자, 그래가지고 ○○

네도 그 집이랑 저희랑 같이 막 모여서 놀고 되게 많이 그랬어요. (북한)저기서는 이걸 딱히 무슨 모임이라기보다는 그냥 가끔씩 하다 힘들고 스트레스 받고 막 이러면 여자들은 막 이렇게 수다를 이런 걸 또 그런 게 있잖아요. (참여자 B)

우리 동창들도 다 사는 게 서로 다 바쁘고 이러다 보니까, 각자 다 자기 가정에 잘하고 별로 많이 못 모이는데, 그래도 한 2~3명 정도, 진짜 가깝다 라는 애들끼리는 맨날 점심 같은 때에는 국수 먹으러 가고, 농마 국수집 있잖아요? 국수집 간단 말이에요. 같이 가 먹고. (중략) 자기 능력으로 활동하는 애들, 그런 애들 먼저 있고, 또 그 이제 너무 경제생활이 힘든 사람들은 사실 소모임 같은데 모이질 못해요. 보고 싶어도 안 되는 게, 내가 지금 오늘 빨리 이제 벌어야, 장마당에 나가서 하루 2천 원, 다문 2천 원이라도 벌어야 옥수수 한 끼를 사서, 집에 가지고 와 때(끼니)를 만들어야 하니까. (참여자 D)

학교 동창생들은 직장이나 장사 등 직업이 다양해서 친구가 장사 대방인 경우도 있어 '돈을 벌 수 있는' 정보를 서로 교환하기도 한다. 양강도나 함경북도의 국경 연선에서 사는 여성들은 '밀수'로 돈벌이를 하는 경우가 많아 '돈 되는' 밀수 정보를 공유하고 도움을 주고 받는다. 학교 동창에서 때로는 돈을 벌 수 있는 협력관계로 발전하는 것이다.

일단 또 (동창)친구니까 어떻게 알다 보면 야 걔네 이거 거기 시집 갔다, 걔가 거기서 밀수하잖아, 이렇게 하다 보니까 또 더 가까워지게 되고, 또 걔네도 자기 목적이 있고, 나도 또 내 목적이 있고, 그니까 어떤 때는 친구이기도 하고, 어떤 때는 또 대방이기도 하고, 놀 때는 친구고, 장사할 때는 대방이고. 그렇게 해 가지고 하다보니까 되게 좀 친구들이 좀 많았거든요. 제가 (국경) 연선에 살다 보니까, 그렇게 잘 놀았어요. (참여자 B)

한편, 학교 동창은 아니지만 동창 못지않게 가깝게 지내는 친구들도 있다. 북한 여성들에게 친구는 학교 동창 외 인민반, 여맹조직, 장마당 등 이웃과 시장을 통해 '연령대'와 '사는 정도'가 비슷한 경우에 해당한다. 동창들은 학교를 졸업한 후 출신성분과 대학진학, 사회진출 정도에 따라 다른 지역에 가서 살 수도 있다. 물론 친구 중에는 학교 동창생이 몇 명 정도 있을 수 있으나, 주로 지역사회에서 만난 여성들이 이 그룹에 속한다. 가까운 주변의 친구 관계는 결혼, 출산, 자녀양육과 교육, 부부 문제, 시댁 문제, 장사 정보 등 유사한 경험을 나눌 수 있는 밀접한 관계이다. 이웃 가까이에서 자주 만날 수 있는 관계이다 보니 가정환경이나 개인의 일상에서 일어나는 일들에 대한 대화를 많이 공유하고 있다. 그래서인지 이 친구들과 여가문화를 즐기는 시간도 가장 많다.

나이대(연령대)가 같은 데 좀 비슷하게 사는 친구들끼리는 점심밥도 그 집에 가서 같이 먹고 막 이렇게. '저녁에 (맛있는) 뭐 했어. 우리 집에 가서 밥 먹자.' 그러면 그 집에 가서 먹고, 우리 집에서도 하면 같이 먹고, 이렇게 왔다 갔다 하는 생활은 재미있었던 것 같아요. 생활하는 게. (참여자 D)

그냥 가까운 친구들이 두세 명이, 가족이 모여서 먹고 놀고, 아주 그래서 아주 웬만하면 아 명절 때, 생일 때, 그렇게 빼면 진짜

자주 만나는 것 같아요. (참여자 B)

연령대도 맞고, 또 이제 결혼을 했거나 이런 환경적인 것들이
비슷하고. 뭔가 대화의 공통점이 있는 사람들이 더 자주 모인다
는. 북한에서는 우리 그런 얘기를 많이 해요. (중략) '아이고, 오
리도 제 무리를 따른다고, 오리들이 자기들끼리 뭉친다고, 노루
는 노루들끼리 뭉치네.' 이런 거를 자주 표현해요. 연령대가 비
슷한 사람들끼리. 얼마씩 다 돈을 거둬 가지고, 어느 집에 모여
서 이제 음식 해놓고, 먹고 놀고 춤추고 노래 부르고, 술 마시고,
이렇게 논단 말이에요. 여자들끼리, 그런 문화가 이제 되게 이제
많이 개방되고 있었어요. (참여자 D)

여성들이 친구들과 시간을 즐기는 것에 대에 매우 부정적이었던
가부장적인 남편들도 이제는 이에 암묵적으로 동의하고 있다. 경제
난 이후 북한의 여성들이 비공식 경제활동에 참여하면서 여성의 경
제적 자립 능력이 높아지고,[36] 여성의 경제활동 여부에 따라 생사가
결정되기 때문에, 여성 친구들끼리 먹고, 마시고, 춤추며 즐기는 것
을 받아들일 수밖에 없는 것이다. 때로는 남편과 자녀들까지 포함한
가족동반 모임을 마련해 함께 즐기기도 한다.

그런 모임은 끼리끼리 돈 있는 사람들끼리 우리는 따로 같이 가
자, 우리는 더 크게 조직하자, 그렇게 해서 비(중국돈) 한 장씩,
이렇게 해서 그거를 다 걷어 갖고 고기 몇 키로, 불고기 몇 키로,
그 다음에 불판 누구 갖고 가고, 거기다가 또 무슨 떡, 과일, 채

---

36) 임순희, 「식량난이 북한 여성에게 미친 영향」, 『통일문제연구』 제43권 1호, 2005,
   p. 188.

소들, 그 다음에 거기다가 낙지까지 다 이렇게 다해서 이렇게
크게 가족들까지 다 데리고 가서 크게 놀지. (참여자 E)

서로 신뢰가 쌓이고, 공감대가 형성된 친구 사이에는 가족이나 결
혼생활에서 생기는 문제들 외에 인민반이나 여맹조직에 대한 불만,
정권에 대한 정치적인 불만도 터놓고, 장사 정보를 나누기도 한다.
이는 남한이나 중국에 대한 소식도 나눌 수 있는 매우 친밀한 관계
망이다.

2) 경제수단 관계망

(1) 장마당 매대 및 장사 대방 관계

북한의 장마당은 여성들의 생존을 위한 경쟁터이자 역동적인 공
간이다. 장마당에서 매일 만나는 매대 이웃 사이의 관계는 각자 더
많은 물건을 팔기 위한 '보이는' 또는 '보이지 않는' 경쟁으로 치열
하다. '모든 소식통의 시작은 장마당'이라고 보기 때문에 장마당 매
대를 운영하는 정도의 여성은 돈을 벌 수 있는 장사 정보에 빠르게
대처할 수 있고, 또 '메뚜기 장사'[37]를 하는 여성들보다 경제적 능력
을 인정받는다. 장마당에서 매일 서로가 마주치는 반복되는 일상에
서 이들은 친해지기도 하고 다투기도 한다. 그러나 연령대가 다양하

---

[37] '메뚜기 장사'는 장사 밑천이 별로 없는 여성들이 정해진 매대가 없이 장마당 주변이
나 동네 주변에서 자리를 옮겨가며 음식이나 간식거리 등을 파는 것을 말한다(연구참
여자들의 구술자료 중에서 발췌).

고 친구들만큼 친해지는 사이가 아니어서 모임이 만들어지거나 여러 명이 모여 놀러 가는 일은 드물다. 가끔 경조사가 있을 때 서로 초대하지만 친밀한 관계로까지 발전하지는 않는다는 것이다. 오히려 장마당 매대에서는 물건을 많이 팔기 위한 경쟁이 치열하기 때문에 친밀한 대화나 교류보다는 어떻게든 시장정보를 알아내기 위한 신경전이 많다고 볼 수 있다. 그래서인지 장마당 매대 이웃 사이에는 친밀한 관계가 형성되기 어렵다고 말한다.

> 드문히 거기서도 호흡이 맞는 사람들끼리 드문히 놀러 가는데, 그거는 좀 드물더라고요. 대사나 무슨 생일이나 이럴 때나 그렇지, 그렇게 가깝게 형성되지는 않아요. (참여자 A)

한편 북한 여성들의 비공식 경제활동은 장마당 외에도 국내와 국외(중국) 지역의 장사 대방들과 관계망을 형성하는 경우가 많다. 특히 국경 연선에 사는 여성들은 직접 국외(중국)에 있는 장사 대방뿐만 아니라 국내 각 지역의 대방들과도 촘촘하게 연결되어 있다. 장사 대방을 두고 장사를 하는 경우에는 도매가 중심이기 때문에 대방과의 관계를 잘 유지하는 것은 큰돈을 지속적으로 벌 수 있는 중요한 요소라고 할 수 있다. 이제는 북한 주민들이 유선 전화나 핸드폰을 사용하는 것이 가능하기 때문에, 휴대폰 사용은 시장활동에서 '신뢰' 네트워크를 형성하는 중요한 요소가 되었다. 휴대폰 사용을 통해 장거리 거래, 각 지역의 시장정보 유통, 물품의 안전한 운송 등 시장활동에 필요한 협력관계를 구축하고 있다.[38) 국내·외에 있는 장사 대방과 시장정보를 공유하고 시장에 필요한 물품을 교환하면서 신뢰를 구축하는 것은 대방들과의 연결망을 넓히는 데도 효과적이기 때문이다.

중국 사람도 될 수도 있고, 양강도 사람이 저기 중국으로, 장백으로 장사를 가는 경우도 있으니까. 그거는 국적에 관계없이 자기 대방이 날 때, 양강도 장마당에 '나는 대방이 몇 명 정도 있다.' 그러면 이게 그룹이 형성되잖아, 그러면 거기에서 내가 물고, 그 사람이 어느 날 들어온다면, 그 사람의 정보가 먼저 진행되는 거예요. '여기에 이런 게 있는데 이런 거에서 어떤 게 필요한가' 하면 우리 쪽에서 '나는 요런 옷에, 그다음에 사이즈는 어떤 거, 호대는 어떤 거 몇 개' 이렇게 다 주문을 받는 거지. 그렇게 하면 그다음에 또 전화 연결이 진행돼 가지고, 국제 전화도 될 수 있고 몰래 전화도 되고 하니까, 그렇게 해가지고 중국 장사 세관이 이렇게 연결이 되는 거예요. (참여자 D)

그러니까 장사라는 게 이것도 보니까 어떤 사람들은 함북도 계선에서 청진이나 나선쪽으로만 장사를 하는 사람들이 있고, 또 어떤 사람들은 자강도나 이쪽에, 서해안 쪽으로 푸는 사람들이 있고. 나는 대체로 동해안 선으로 많이 장사 선을 뻗쳐야지. 자연히 그렇게 흐르더라고요. 그러니까 길주, 김책, 단천, 함흥, 그다음에 평양, 원산 이렇게. 그래서 동해안이 기본 장사 핵심으로 되면서, 그다음에 서해안 쪽으로 자강도나 무슨 이쪽으로. 그다음 각 군, 양강도 안에 각 군들, (중략) 함북도는 대방이 없었는데 동해안하고 서해안하고, 그다음에 양강도 하면, 양강도 안에

38) 최선경, 「북한 주민의 휴대폰 사용과 시장 활동에서의 '신뢰' 네트워크」, 『현대북한연구』 제24권 1호, 2021, pp. 33~34.

서 각 군들, 구창군, 백암군 무슨 예를 들어서 갑산, 운홍 이런 식으로. 이렇게 장사 대방들이 형성되면서. 그러니까 그게 바로 한국식으로 이제 커뮤니티, 그런 형성으로 되겠지. (중략) 그러니까 어쨌든 함흥은 3명, 4명 정도였고 단천은 2명, 김책은 1명, 길주는 2명, 원산은 2명, 이런 식으로. (참여자 A)

그럼 전화로 다 하죠. 지금 뭐가 얼마다, 돈 대수도 지금 싯가가 얼마다, 시간당 싯가를 전화를 다 찍찍찍찍 다 통해요. (참여자E)

주로 도매 장사를 전문으로 하는 북한 여성들은 각 지역의 장사 대방들과의 관계 형성을 중요하게 생각하고, 계절마다 값비싼 식품 이나 과일을 보내주면서 네트워크 유지에 힘쓰고 있다. 때로는 친척보다 장사 대방을 물질적으로 더 챙겨주면서, 인간적으로도 밀접한 관계를 형성하기 위해 노력한다. 장사 대방과의 관계를 지속할수록 더 많은 돈을 축적할 수 있기 때문에 평소에도 특별하게 대우해주는 경향이 크다. 마치 한국의 기업이나 개인사업자들이 거래처에 잘 보이려고 영업하는 것과 비슷한 맥락이라고 볼 수 있다. 즉, 북한의 이러한 관계는 돈벌이를 위해 연결된 관계이지만 관계가 끊어지기 전까지는 지역 특산품도 보내주면서 친밀한 관계를 유지하기 위해 노력하고 있다는 것이다.

양강도는 3월, 4월 남새가 엄청 비싸요. 그러니까 그거 보내주고. 또 여름에는 과일을 보내주고. 어쨌든 서로 이렇게 연결이 되고, 나는 또 드문히라도 난방 과일, 세관에서 남방 과일 같은 거, 그 집 친척이나 가족이 생일이라든가 이럴 때는 남방 과일 좀 보내주고. 이렇게 서로, 그래도 장사라는 게 어지간하면 서로

이렇게 밀접한 이해관계가 있으니까. 어지간한 친척보다도 대방
하고 관계가 밀접하니까. (대방과는) 거의나 가족이다시피, 끊어
나지 않는 이상은 가족이라고 할 정도로 인간적으로 가깝지. (참
여자 A)

장사와 시장활동은 교환관계에 기반한 '수평적 연결망'이기 때문
에, 상호 신뢰관계가 신용을 담보한다고 볼 수 있다.[39] 이들의 시장
활동에 대한 분쟁 해결장치가 제도적으로 마련되지 않은 상황에서
상호 신뢰가 깨지면 기존의 관계는 소멸되고, 새로운 장사 관계망을
뚫어야 한다. 때문에 장사 대방 관계가 형성되면 장사 목적에 기반
하여 인간적으로까지 연결되려고 하는 것이다.

(2) 장사 목적을 위한 '외교'[40] 관계

북한 사회에서 여성들의 비공식 경제활동은 불법이 많아 개인적
으로 '뒷선을 봐주는 사람들'이 없으면 유지가 어렵다. 이들의 사적
경제활동에 대한 법적·제도적 뒷받침이 전혀 없기 때문이다.[41] 중
국 장사 대방들과 밀수로 장사를 하는 경우에는 국경에서 불법으로
물건을 거래하기 때문에 항상 신변의 위험과 장사물건을 몰수당할
수 있는 위험이 따른다. 따라서 불법으로 행해지는 장사의 단속을

---

[39] 최봉대, 「북한의 자생적 개인사업자 집단의 비공식적 연결망 및 신뢰구축 기제와 그
특성」, 『현대북한연구』 제23권 2호, 2020, p. 12.
[40] 여기서 '외교'는 타인과의 관계에서 수완이나 교섭이 능란하다는 의미를 담고 있다.
[41] 최봉대, 「북한의 도시 '장마당' 활성화의 동학」, 『현대북한연구』 제8권 3호, 2005,
p. 101.

피하거나, 보호를 받기 위해서는 군인, 안전원, 보위지도원, 당간부 등 권력을 가지고 있는 사람들과 목적 관계를 유지하는 수완이 절대적으로 필요하다. 장사 목적 달성을 위한 '외교'는 위험을 피해갈 수 있는 방패막이 되어주기 때문이다.

> 아무리 내가 돈이 많아서 밀수를 많이 하자고 해도 내가 커버가 제대로 온전치 못하면 다 떼워요. 다 잡혀가거든요. 그러자면 또 그만큼 더 뒤에서 뒷선을 봐주는 사람들이 있어야 돼요. 그러니까 뒷선을 봐줘도 어느 정도 낮은 걸 봐주면 그 위에 것들이 들어와서 단속하면 이 사람은 아무 말도 못해요. 왜냐하면 너무 단속하는 게 많기 때문에, 그니까가 저리 아야 높은 걸 갖다 앉혀놓으면 밑에 사람들이 들어와서 뭐라고 말 못해요. 그러니까 밀수를 하자 해도 우선 첫째 카바가 군대가 있어야 되고, 뒤에서는 안전원이 있어야 되고, 그래야 그다음에 돈이 있어야 되고. (중략) 저희 엄마가 닦아놓은 길이 좀 있어가지고, 저희 엄마가 94년도 이때 어쨌든 양강도 밀수 처음 시작할 때 제일 처음으로 했거든요. 그래가지고 이렇게 좀 아는 사람 법관들도 해서 좀 되게 아는 사람들이 많았어요. (참여자 B)

지역별로 장사 대방들과의 '도매'나 '차판' 장사를 하는 여성들은 기본적으로 3~4명 이상의 뒷선을 봐주는 사람이 있고, 장사 형태에 따라 인맥을 수시로 넓히기도 한다. 아무리 자본이 많은 여성이라도 비공식적 경제활동을 통해 재산을 증식하기 위해서는 국경을 지키는 군인부터 국가기관 간부들까지 촘촘하게 연결망을 가지고 있는 것이 매우 중요하다. 국가기관 관료에 해당하는 사람들과의 '외교' 관계는 불법 장사의 안전을 보장해줄 수 있는 유력한 기제이기 때문이다.[42] 비공식 경제활동에 참여하는 북한 여성들은 이러한 '수직적' 관계망 유지를 위해 적극적으로 노력하고 있다.

3) 지역사회 관계망

(1) 학교 안의 '열성자 학부모' 관계

김정은 정권이 시작되면서 북한의 교육은 학제 개편과 교육과정 개정, 교육환경 개선, 도·농 간 교육격차 해결, 교육체계 정비 등을 세부 목표로 하는 교육 전략을 우선적으로 내세웠다. 그러나 정부가 교육사업에 대한 국가 재정을 늘리지 않고, 교육조건과 환경 개선 문제를 도·시·군 지역단위에 책임을 전가하는 탓에 지역단위의 후원만으로 학교 교육을 운영하는 데는 아직도 많은 어려움이 따른다.[43] 그러니 학급 운영은 어쩔 수 없이 학부모의 몫이 되었다. 경제난 이전에는 학부모들이 교육의 보조자 역할을 했지만, 경제난 이후 '교육주체'로서 학부모들이 등장하면서,[44] 학부모의 지원이 없이는 학교가 운영되기 어려운 실정이 되었기 때문이다. 학급 열성자(간부학생)의 학부모들이 주력이 되어 '학부형 모임'을 만들며, 학부형들은 학급에 필요한 자재와 물자, 또 담임 교사의 먹고사는 문제까지

---

[42] 최봉대, 「북한의 자생적 개인사업자 집단의 비공식적 연결망 및 신뢰구축 기제와 그 특성」, 『현대북한연구』 제23권 2호, 2020, pp. 11~12.

[43] 조현정, 「북한의 계층구조에 따른 교육격차 요인과 실태」, 이화여대 북한연구회 엮음, 『김정은 체제 10년, 새로운 국가 전략』, 서울: 도서출판 선인, 2022, p. 185.

[44] 김혜진, 「고난의 행군 시기 이후 북한학부모의 자녀교육지원에 관한 연구」, 『Journal of North Korea Studies』 제5권 2호, 2019, p. 175.

서로 분담하여 책임을 져야 한다. 이미 2006년 이전부터 학교가 '돈교'라고 불릴 정도로 학교꾸리기, 담임 교사 생일, 명절, 운동회 등 거의 모든 부담을 학부모들이 감당하기 때문이다.45) 그러니 열성자 학부모들의 위세가 높을 수밖에 없으며, 열성자 학부모가 된 순간부터 그들은 학부모들과의 관계 형성에 집중한다. 학교에서 요구하는 과제 외에도 학부모들이 담임 교사의 생계 문제까지 소통해야 하는 실정이다.

> 학부형 모임은 학부형 위원장이 있고, 학부형 위원장은 무슨 학교 초비(초급단체 비서) 엄마나, 초비라는 게 옛날로 말하면 분단위원장 있지. 지금은 초급단체 비서. (중략) 엄마가 학부형 위원장이 돼서 모여놓고 돈을 거두고, 선생에게 그런 졸업하면 돈을 거둬서 선생한데다가 가전제품 하나 사주고, 그런 거 있고 그리고 야외 같은데 가게 되면 엄마들이 또 같이 이렇게 해서 음식을 해서 가져가고, 그리고 붉은청년근위대 그때 또 엄마들이 또 음식을 해서. 초비, 학급반장, 조직부위원장 이런 열성자 엄마들끼리 또 모여서, 그 선생님이 결혼식이 있는데 우리가 얼마씩 내서 선생한데 가전제품 하나 선물하자. (중략) 학교에서 학교 꾸리기 한다든가, 무슨 이제 학교에서 제기되는 동원에 대한, 경제적으로 돈을 거두어야 할 일이 있다거나 이럴 때는 이제 학교 회의를 한단 말이에요. 그러면 그때 가서 이제 분단위원장, 학급반장 이런 사람들은 물론이니까 그 사람들은 다 이제 큰 몫을 해야 되고, 맨날 교실꾸리기요 뭐요 이렇게 하면서 또, 선생님들이 먹고 살아야 되니까, 학교가 또 유지되자면 또 학생들과 부형들을 이

---

45) 좋은벗들 엮음, 『오늘의 북한, 북한의 내일』, 정토출판, 2006, pp. 121~122; 조현정, 「북한 중등교사들의 교직경험에 대한 질적 연구」, 이화여자대학교 대학원 박사학위논문, 2020, pp. 159~162.

끌어내서 돈을 빨아서 유지를 해야 되잖아요. (참여자 D)

이제는 학부형 모임에서 학부모들이 돈을 모아 담임 교사의 결혼식을 비롯한 경조사는 말할 것도 없고 담당 학생들이 졸업할 때도 가전제품이나 노트북 같은 '큰 선물'을 해주는 것이 일상화되었다. 이것을 주도하는 것은 학급 열성자들의 부모들이기 때문에 담임 교사도 학급의 열성자를 선출할 때 부모의 권력과 경제력으로 판단한다.[46] 자녀가 열성자가 된 학부모들은 학교 일에 발 벗고 나서는 것을 당연하게 받아들인다. 경제력을 갖춘 열성자 학부모들은 개인 과외(사교육) 정보나 진로 정보, 대학 정보 등 자녀교육에 필요한 정보를 교환하면서 자녀가 학교를 졸업할 때까지 교사 및 다른 학부형들과 가깝게 지내면서 소통하고 교류한다.

> 학부형 모임이 있죠. 있는데 학부형 모임들이 정말 우리 아들하고 가까운, 아들의 친구가 있어. 그니까 그 학부형이랑은 통하죠. 자주는 안 만나고, 가끔씩 서로 이렇게 다 관계를 이어가기 위해서 오늘 우리 집에서 먹자, 우리 집으로 와, 이런 식으로. 그 친구 아들 친구들끼리도 좀 가까워져야 되고, 부모들도 좀 그래야 되니까 그런 식으로 집에서. (참여자 C)

> '아무개 엄마, 누구는 무슨 과외를 어느 과외 가는데? 그 과외는 어느 정도 수준이 인정되는데?' 뭐 이런 정도. '오늘 그 집안은 뭘 했는데?' 우리 아이는 어디 다니고, 뭐 이 정도지. (중략) 아

---

46) 조현정, 「북한 중등교사들의 교직경험에 대한 질적 연구」, 이화여자대학교 대학원 박사학위논문, 2020, pp. 130~131.

이들 때문에 연결된 그룹이니까, 애들이 각자가 (조국보위)초소가, 자기 대학이 달라지니까 그 다음부터는 정보 교류할 의미가 없으니까 자연히 멀어지게 되더라고요. (참여자 A)

거기서 딴 학부형 비난도 좀 하고, 흉도 보고, 얘는 너무하다, 갸네 부모에 대한 거, 누구네 엄마는 좀 사기 치는 게 있다 뭐. 선생님 흉도 보는데 선생에 대한 거는 그냥 그저 좋은 말로 해. 또 누가 가서 말할지 모르니까. 그러니까 선생님에 대한 건 항상 좋대는 말밖에 안 하더라고. (참여자 C)

열성자 학부모들은 담임 교사가 특별한 문제가 없는 한 대부분 존중하는 태도를 가지고 있어 웬만하면 교사에 대한 뒷담화를 하지 않는다. 그래서인지 열성자 학부모들 조차도 자녀가 학교에 다니는 동안에는 서로 친한 관계를 유지한다. 하지만 자녀가 졸업한 후에는 자연스럽게 멀어지면서 이 관계는 소멸되는 양상을 보이고 있다.

(2) 인민반 안의 '이해' 관계

북한에서 인민반은 '당과 국가의 정책을 관철하며 국가사회사업을 집행하고 생활을 알뜰히 꾸리기 위하여 일정한 수의 세대들을 묶어 조직한 우리나라 국가 사회생활 기층조직'의 하나이다.[47] 인민반은 주민들의 집합적 주거를 통해 서로 오순도순 행복한 삶을 구현하는 작은 공동체 구성원이다. 그러나 실제 현실은 주민 간의 관계

---

[47] 과학백과사전출판사 편, 『조선대백과사전』, 평양: 과학백과사전출판사, 2004, p. 654.

를 쪼개고 나누어 서로를 감시해야 하는 반(反) 공동체 조직이라고 볼 수 있다. 옆집에 모르는 사람이 오거나, 불법 행위를 하면 감시하고, 밀고하는 체계를 만들어놨기 때문이다.[48] 또한 정부는 국가의 부족한 재정과 사회적 자원을 인민반이 담당하게 하는 동시에 인민반의 기능적 역할 강화를 통해 체제유지에 힘을 얻고 있다.[49] 인민반장은 인민반 내 주민들의 일거수일투족을 감시하는 역할을 담당하며, 보안원들과 수시로 내통한다.[50]

이런 감시체계가 작동하는 속에서도 인민반 안에서 소위 '잘사는 집'들 간에 끼리끼리 관계가 형성되고 있다. 이들은 인민반장이 부여하는 과제를 돈으로 해결하고, 인민반장에게 몰래 뒷돈(뇌물)을 더 챙겨주는 대신 아침 동원, 물자지원(고철, 비닐, 병, 종이, 건설자재 등), 노력동원(도로 보수, 녹지 조성, 공원 꾸리기, 살림집 건설) 등 조직생활에서 빠질 수 있다. 반면 뒷돈이나 뇌물을 받거나, 또 받을 것 같은 집들에 인민반장이 먼저 숙박검열 같은 것이 있다고 정보를 알려주기도 한다. 불법 행위에 대한 통제에도 불구하고 감시와 검열제도 안에서 '잘사는 집'은 인민반장과 비공식적 교환의 협력관계가 발현된 것이다.[51]

---

48) 윤보영, 「일상의 관계성과 공동체의 변주」, 최지영 외, 『북한 일상생활 공동체의 변화』, 서울: 통일연구원, 2021, p. 256.
49) 배영애, 「김정은 시대의 인민반에 관한 연구」, 『통일정책연구』 제29권 2호, 2020, p. 25.
50) 김연지, 「인민반은 북한주민들의 감시조직」, 『北韓』 546호, 2017, p. 109.
51) 윤보영, 「일상의 관계성과 공동체의 변주」, 최지영 외, 『북한 일상생활 공동체의 변화』, 서울: 통일연구원, 2021, p. 258.

인민반장도 다 같아요. 잘 사는 집에는 일부러, 내 같은 경우는 밀수할 때는 인민반장이 말해줘요. '야 오늘 저녁에 숙박검열 한다.' 이렇게 알려져요. 왜냐하면 그래야 자기가 하다못해 밀가루 몇 kg라도 쌀 몇 kg라도 얻어먹고, 명절 때 기름 한 통이라도 얻어먹으니까, 그런 사람(인민반장) 많아요. (참여자 B)

가정경제 수준이 비슷한 '잘사는 집'들끼리 모여 집에서 음식을 해놓고 밤늦게까지 놀기도 하며, 시장에 장 보러 갈 때도 같이 가고, 또 차를 대여해 경치 좋은 곳으로 여행을 떠나기도 한다.

한 대 여섯 명, 또 그리고 너무 범위를 크게 하지도 않고. 그래야 (그래봤자) 대 여섯 집. 돈 걷을 때는 어디 놀러 갈 때, 호수에 놀라간다든가 온수에 놀라간다, 함흥에 있는 무슨 바닷가에 놀러 간다 할 때나 그러지, 일반적으로 집에서 할 때에는 북한 명절이 얼마나 많은데, 명절이 너무 많아가지고. 명절 때마다 모여 놀아도 끝이 없으니까. (중략) 다 끼리끼리라는 게, 내 급에 맞는 사람, 내가 50위안(중국 화폐단위)을 낼 수 있다면, 내 수준에서, 어느 때나 가차 없이 50위안을 낼 수 있는, 사람이라는 게 이기적으로, 머리 계산은 다 빠르니까. 그래야 또 (만약)못 사는 사람이 잘 사는 사람들 속에 끼면 비위가(마음이) 상하니까, 저절로 떨어져 나가게 되고. (참여자 A)

북한은 실제로, 조금만 사는 사람들 속에 들어가면 얼마나 재미난지 몰라요. 명절이면 음식 해놓고 다 (모여)와서는 밤에도, 새벽까지 녹음기 틀어 놓고 노래 부르고 춤추고, 윷놀이하고, 밤새껏 으하 으하… 그러다 시원치 않으면 마당에다가, 아파트 마당에다 증폭기(스피커) 내다 놓고 춤추기 시작하면, 아파트 사람들이 다 나와서 춤춰요. 근데 여기는 그런 거 없잖아. 재미없지. (참여자 C)

우리 인민반에서 한 세 가족이 같이 우리 오토바이 타고. 그쪽에
는 이제 좀 그런 개인 (교통)수단이라는 게 좀 없잖아요. 그러니
까 우리 (교통)수단으로 해가지고 또 놀러 가고. 저희는 다 집에
전화가 있어가지고 '○○ 엄마, 오늘 점심에 무슨 뭐 뭐 먹을까
아니면 우리 오늘 저녁에 뭐 먹을까' 그래도 자주는 안 봐도 그
래 한 달에 한 번씩은 모이죠. (참여자 B)

보통 우리 인민반이라고 하면, 이 아파트에서 동등한 사람들, 생
활 수준이 좀 동등한 사람들은 패를 쳐도 그 무리에 속하는 게,
바로 자기랑 비슷한 경쟁의 생활 수준이 비슷한 사람들끼리, 장
마당에 매일 같이 가서 부식물도 사오고 같이 뭐, 돈 쓰러도 같
이 다니고. 이런 계급이 더 많이 첫째로 가깝고. (참여자 D)

돈과 시간적 여유를 가진 기준은 언제든 놀러가고자 할 때 '돈과
시간을 척척 내놓을 수 있는 정도'로 정해진다. 인민반 안에서 이
기준에 해당하는 여성들이 끼리끼리 모임을 주도하며, 모여 앉으면
인민반장에 대한 뒷담화는 하더라도 정치적인 불평이나 발언은 자
제한다. 그럼에도 이들 사이에서는 '한국 영화'와 같은 불법 녹화물
까지 공유(지역에 따라 차이가 있을 수 있겠지만)하고 있다.

좀 사는 사람들끼리는 또 앉아서 또 뒷담화 까죠. 또 반장 그
가시나 또 좀 먹었겠지 얼마 먹었겠지 하면서 있잖아요. (참여
자 B)

그러니까 좀 이렇게 말 통하고 그런 사람들인데, 정치적 말은
절대 못 하고 그것도, 그냥 그 마음이 통해서 흠 없이 말하는
사람들 뭐 우리 집에 오라 그래가지고 이렇게 먹고, 베풀지 뭐

말하자면. 가까운 사람들한테. (중략) 인민반에서 가까이 자주 일상에서 뭘 나눠 먹기도 하고, 그런 사람들이지. (참여자 E)

동네에서 가까운 사람들끼리 있거든요. (중략) 가차운(가까운) 사람들끼리는 또 이제 와이프들도 다 가찹단(가깝단) 말이에요. 그리고 와이프들끼리 이제 낮 시간에랑 모여서 맥주 먹고 조금 놀고. 좀 더 가찹게(가깝게) 한두 명 정도, 세 명 정도 적게 논다 라고 하면 이제 한국 영화랑 보고. 그렇게 모이는 일이 사실 저 는 많았었거든요. (참여자 D)

인민반 안에서 생활수준이 중산층 이상인 가정의 여성들은 인민 반장에게 사전에 뒷돈과 뇌물을 주는 대신 일상의 자유를 얻는 셈이 다. 정치적인 문제만 일으키지 않는다면 비법 행위와 불법 녹화물을 시청하는 정도는 신고하지 않고 충분히 눈감아줄 수 있는 범위로 나타나고 있다. 인민반 안에서 인민반장과의 관계는 비공식적 교환 을 통한 협력관계이지만, '잘사는 집' 끼리의 관계는 정보교류나 소 통이 좀 더 친밀하게 연결되는 관계이다. '잘사는 가정을 보면 여자 들이 권력이 세다'고 인식되면서, 이런 집안의 여성들이 주도적으로 주변 관계를 만들어간다고 볼 수 있다.

(3) 여맹조직 안의 '이해' 관계

북한의 '조선사회주의여성동맹(이하 여맹)'은 유일한 여성 근로단 체 조직으로서, 여성의 권리 신장과 함께 경제활동, 사회구조사업, 국가지원 등 사회발전에 헌신적인 참여를 이끌고 있다. 여맹조직을 통해 여성들을 당의 인전대, 믿음직한 방조자, 혁명의 한쪽 수레바퀴로서의 역할을 수행하도록 추동하고 있기 때문이다. 김정은 역시 2021년 6월에 열린 제7차 여맹대회에서 '여맹원들은 사회주의의 전진·발전을 추동하는 힘있는 부대로서 당에 충실한 여성혁명가, 견실한 애국자로 준비할 것'을 강조하였다. 그동안 북한의 기혼 여성들은 '가정의 무거운 부담을 걸머지고 사랑하는 남편과 아들딸들을 당과 혁명에 충실하도록 떠밀어주며 어려운 때에 나라에 도움이 되는 일을 한 가지라도 더 찾아하기 위해 노력'해 왔으며, '여맹원들의 뜨거운 진정은 시련을 맞받아 전진하는 우리 혁명에 커다란 힘을 더해' 주었기 때문이다.52)

그러나 경제난 이후 여성들이 비공식 경제활동에 적극 참여하게 되면서 국가 차원의 통제와 관리 필요성이 증대되었다.53) 이는 김정은 집권 후 10년 사이에 두 차례의 여맹대회(2016, 2021)가 소집되고, 여맹의 역할이 더욱 강조된 것을 통해 알 수 있다. 실제로 북한 여성들에게 인민반 조직생활 외에도 여맹조직에서 수행해야 하는 각종 과제와 노력동원, 물자지원 등 이중, 삼중 부담이 가중되었다. 시장활동을 통해 자본을 어느 정도 축적한 여맹원들은 여맹 간부들(여맹위원장, 초급단체위원장)에게 돈을 지불하고 여맹조직에서 거두어들이는 물자지원과 각종 명절 행사, 생활총화에 빠질 수 있는

---

52) 조선중앙통신, 「녀성동맹은 우리 식 사회주의의 전진발전을 추동하는 힘있는 부대가 되자」, 『로동신문』 2021.6.22. 1면.
53) 권수현, 「조선민주여성동맹의 변화와 지속」, 『사회과학연구』 제18권 2호, 2010, p. 32.

기회를 얻었다. 돈 얼마를 지불하냐에 따라 1년 동안 생활총화도 빠질 수 있어, 경제력 있는 여맹원들은 여맹 간부들의 요구에 따라 돈을 내고 조직생활에 참여하지 않더라도 암묵적인 보호를 받는다. 돈을 낼 형편이 안되는 여맹원들은 각종 동원과 생활총화 등 조직생활에 무조건 참여해야 하기 때문에, 돈만 있으면 어떻게든 조직생활을 피해 가려는 인식이 높아졌다.

> 여맹에서두 고기 몇 키로 군대 지원 이렇게 하는 지원들 있잖아요. 그런 걸 여맹원들은 그러니까 여맹원들은 다 내야 돼요. 그거는 매년, 그런 걸 그 사람들이 안 내게 하고, 대신 내가 여맹 생활총화고 뭐고 안 참가하고 돈만 내는 거에요. 돈을 내서 내 돈으로 고기를 사서 그 여맹원들 거까지 내는 거에요. 그러니까 일단 가끔씩 마지막에 연말 무슨 겨울 이런 거 할 때나 참가하고. (참여자 B)

> 초급단체위원장이 나한데 '야 너 여맹 생활하지 말고 돈 얼마 내. 그리고 우리 1년 여맹생활 빼줄게.' 여맹위원장하고 둘이 짜고서, 그러면 솔직히 내가 여맹에 소속됐는지 안 됐는지 둘이만 아는 거지, 다른 사람들은 몰라요. 내가 참가를 안 하기 때문에 그 이제 명단도 이 사람들이 지고 있는 데 (다른)여맹원들은 몰라요. 그러니까 이 자기네끼리 그렇게 해가지고 나한데서 얼마 받았는지도 얘기를 안 해요. 그러니까 좀 받아가지고 자기들끼리 알아서 먹고… (참여자 D)

한편 여맹조직에서 운영하는 가내작업반에서 '8·3 인민소비품의 날'[54])을 계기로 평소에 친하게 지냈던 여맹원들과 자체 경비를 마련해 바닷가에 놀러 가기도 한다.

> 8·3절이라는 게, 8월 3일은 인민소비품 전시회 날인데, 소비품
> 이라면 이제 여기서 말하면 입지 못하는 옷을 걷어서 그걸 짜투
> 리를 해서 애기들 옷도 만들고, 무슨 뭐 가방두 만들고 이런 자
> 투리를 해서 그걸 해서, 근데 그걸 하는데 그걸 하는 사람들은
> 돈 있는 사람들이에요. 여맹에서 돈있는 사람들이 돈을 내면서
> 달마다 돈을 얼마씩 내면서, 조직생활을 좀 수월하게 하지. (중
> 략) 이 사람들은 다 돈 있는 사람들이니까, 돈 있는 사람들은 돈
> 을 많이 거둬서 그 돈을 가지고 놀러가서 고기도 사갖고 가고
> 차까지 직접 대고 이렇게 가서 노는 거지. (중략) 8·3 명절을
> 계기로 해서 조직별로 돈을 걷어서 어디 바닷가 놀라도 가고,
> (중략) 가내 조직인데 그 조직원들이 8·3절에 치마저고리 입고,
> 조선옷 입고, 그리고 수영복도 따로 해가지고, 그리고 바닷가에
> 조직별로 차를 대서 바닷가 가서 놀다 오고. (참여자 E)

이처럼 경제적 능력이 있는 여성들은 여맹조직 안에서 간부들과
비공식적 교환 협력관계를 통해 '수월하게' 조직생활을 하고, 같은
여맹원들 사이에서 '호흡이 맞는' 가내반 여성들과 예쁘게 차려입고
여가와 문화를 즐기면서 친밀한 관계로 발전한다.

---

54) '8·3 인민소비품'은 기관, 기업소, 협동단체와 가내작업반, 부업반 등에서 유휴자재와
폐기물, 폐설물, 부산물을 이용하여 만든 생활소비품으로 국가계획상에 없는 제품을
뜻한다. 이는 '8·3 인민소비품창조운동'이라는 대중 운동 방식으로 전개되어 오늘날
까지도 북한의 부족한 소비품 공급을 담당하고 있다. 주로 가정주부들이 가내작업반
에 소속되어 이 제품을 만든다. 통일부, 「북한정보포털」, 『8·3 인민소비품』(https://
nkinfo.unikorea.go.kr/nkp/term/viewNkKnwldgDicary.do?pageIndex=1&dicar
yId=207, 검색일: 2022.8.1).

4. 북한 여성들의 비공식 사회관계망 특성

1) '과시적 소비'를 통한 구별짓기

본 연구를 통해 밝혀진 북한 여성들의 비공식 사회관계망 형태는 대부분 '돈'에 의해 좌우되고 있다. 이제는 개인적·사회적 관계가 유지되는 가장 중요한 요소가 '돈'이 되었기 때문이다. '하나는 전체를 위하여, 전체는 하나를 위하여'라는 집단주의 공동체적 가치가 퇴색되고, 개인주의적 가치와 물질중심적인 태도가 우선하고 있는 것이다. 먹고 사는 문제 해결을 못해주는 국가에 대한 불신과 원망은 '법'보다 '돈'이 우선이라는 인식 전환의 계기가 되었고, 사람들은 돈의 중요성에 눈을 뜨게 되었다.55)

경제난 이후 북한의 여성들은 생존을 위해 시작했던 비공식 경제 활동을 통해 자연스럽게 자본의 논리를 깨우쳤다. 이 과정에서 축적된 자본은 '과시적 소비'를 통해 개인적으로는 '외모 가꾸기, 집안 꾸미기, 가전제품 구입 등'에 쓰이고 있으며,56) 사회적으로는 비공식 사회관계망을 형성하고 유지하는 데 소비하고 있다. 결국 경제력을 어느 정도 갖춘 북한 여성들은 '돈'을 통해 비공식 사회관계망을 넓혀가면서 더 많은 부를 축적하는 '부익부' 구조를 만들어가고 있

---

55) 김성종, 「북한 시장화와 사회적 자본」, 『사회적 경제와 정책연구』 제10권 1호, 2020, p. 75.

56) 김석향, 「1990년대 이후 북한주민의 소비생활에 나타나는 추세 현상 연구: 북한이탈주민의 경험담을 중심으로」, 『북한연구학회보』 제16권 1호, 2012, pp. 201~204; 조성은, 「북한 주민의 소비생활 변화와 함의」, 『보건복지포럼』 298집, 2021, p. 12.

다. 불법과 뇌물, 인맥 등을 매개로 이루어지는 북한 여성들의 비공식 경제활동을 통해 축적된 자본은 소비를 얼마나, 어떻게 하느냐에 따라 계층을 가르는 기준이 되고 있다.

이에 따라 북한 여성들은 비공식 경제활동에 적극 참여하면서 소득불균형으로 인한 계층 분화[57]에 동참하고 있다. 계층별 경제적 차이는 일상의 삶에서 경험적 차이를 유발하는 중요한 요인으로 작동하면서 다양한 경험을 갖게 될 가능성이 높으며, 스스로 획득한 경험들은 사회문화적으로 구조화된다.[58] 이런 양상은 중산층 이상의 여성들이 여가와 휴식을 취할 수 있는 문화 공간이 잘 갖춰지지 않은 북한 지역(평양시와 같은 특별시를 제외)의 특성상 '집'에서 놀거나 '경치 좋은 곳(산, 바다, 야외)'에서 즐기며, 국가 명절(없는 명절도 만들어), 각종 경조사를 기회로 만드는 데서 나타난다. 이들은 여가 모임을 통해 통제가 심한 일상의 스트레스를 해소와 함께 새로운 정보를 얻기도 한다. 일반적으로 돈을 버는 주체가 여성이고, '남편들은 무조건 직장에 출근해야 하기 때문에' 돈을 쥐고 있는 여성의 의견에 힘이 실릴 수밖에 없는 환경이 된 것이다.[59]

북한 여성들은 장사 목적을 위한 인간관계를 유지하는 경우에도

---

[57] 북한의 2009년 화폐개혁 이후 2011년까지 탈북한 탈북민들의 구술을 종합할 때, 시장경제 시스템이 복귀되면서 상층 10~20%, 중층 30~40%, 하층 40~60% 규모로 평가한다(박영자, 「북한 사회 변화와 주민생활」, 『한국여성정책연구원 세미나자료』, 2016, p. 35).

[58] 박정인, 「북한돈주의 소비형태 연구」, 북한대학원대학교 석사학위논문, 2016, p. 13.

[59] 북한의 가부장적 문화는 여전히 존재하지만, 아내(안해)가 돈을 잘 버는 가정일수록 가부장적인 요소가 점차적으로 감소하고 있다.

북한에서는 보기 어려운 남쪽지방 과일(바나나 파인애플, 귤 등)과 같은 '값비싼' 물건을 선물로 보내주면서 자신의 경제적 위력을 과시한다. 이렇게 경제력을 과시하는 이유는 사적으로 연결되는 관계망을 유지하기 위한 일종의 '투자' 개념도 있겠지만, 소스타인 베블런(Thorstein Bunde Veblen, 1857~1929)이 '유한계급론'60)에서 주장했던 '자신의 부를 과시하거나 허영심을 채우기 위함'으로 평가할 수도 있다. 소위 중산층 이상의 경제적 부를 축적한 북한 여성들의 비공식 사회관계망은 '끼리끼리' 문화를 형성하면서, '못사는 사람들의 비위가 상하게' 사회·문화적인 일상에서 구별짓기가 확산되고 있다.

2) '사회적 자원' 확장을 위한 줄다리기

비공식 사회관계망을 통한 북한 여성들의 행위 주체성은 자신들만의 사회적 자원 확장이라는 일정한 목표를 가지고 있었다. 구체적으로 살펴보면, 우선 북한 여성들은 비공식 사회관계망을 사회적 자원 확장의 연결고리로 인식하고 있다. 이런 관점에서 본다면 중상위층 북한 여성들에게 있어 비공식 사회관계망 안에서의 소비 형태는 단순히 '과시적 소비'만을 의미하는 것이 아니다. 이런 소비를 통해 기존의 사회관계망을 유지하고 또 다른 인간관계들과 연결을 시도하는 하나의 사업수완이라고 볼 수도 있다. 지역사회에서 자신의 경

---

60) 소스타인 베블런·김성균, 『유한계급론』, 아산: 우물이있는집, 2012, p. 200.

제적 능력을 인정받고 입지를 다지기 위한 움직임이기도 하다는 것이다. 즉 '돈의 위력'을 경험한 북한의 여성들은 사회적 자원을 확장하기 위한 줄다리기에 사력을 다하고 있다고 해도 과언이 아니다. 1990년대 경제난 이후만 하더라도 북한 여성들이 가족의 생계를 위해 비공식 경제활동에 뛰어들었지만, 이제는 더 많은 자본을 축적하기 위해 수단과 방법을 다양하게 활용하고 있기 때문이다. 이런 맥락에서 북한 여성들이 일상에서 맺는 다양한 사회관계망(친분, 경제수단, 지역사회)은 완전히 분리된 것이 아니라, 서로 영향을 미치며 은밀하게, 복잡하게, 협력적으로 연결되었다고 볼 수 있다.

다음으로 북한 여성들은 사적 공간을 통해 형성된 친밀도 정도에 따라 여러 종류의 불만을 표출하며 일상에서 받는 정신적 고충을 공유하기도 한다. 이는 보편적인 저항행위 중의 하나라고 볼 수 있는데[61] 국가의 통제가 심할수록 비공식 경제활동에 참여하는 북한 여성들의 정신적 고통과 물질적 손해가 잇따라 그 고충 정도가 클 수밖에 없기 때문이다. 그래서인지 더 많은 '돈'을 벌기 위한 욕망을 충족하는 가운데서 받는 스트레스는 때때로 '잘 먹고, 좋은 술을 마시고, 춤을 추고, 외국 음악과 영화를 몰래 즐기는' 형태로 여가를 즐기면서 보상을 받는다고 볼 수 있다.[62] 또한 비공식 경제활동에 대한 법적·제도적 보호 장치가 없기 때문에, 대부분 불법으로 행해

---

[61] 조정아, 「북한 주민의 '일상의 저항': 저항 유형과 체제와의 상호작용」, 『북한학연구』 제7권 1호, 2011, p. 34.
[62] 조정아, 『북한 주민의 여가생활』, 세종: 한국개발연구원, 2017, p. 9.

지는 경우가 많아 국가의 통제를 '돈'으로 해결하는 '회피' 방법을 활용하고 있는 것이다.

마지막으로 시장활동을 통해 경제력을 갖춘 북한 여성들은 공식적 관계망 안의 '권력구조'를 자신들의 사회적 자원을 확보하기 위한 비공식 관계망 안으로 끌어들임으로써 자신들의 사회적 관계망을 더욱 넓혀가고 있다. 즉 보위부, 안전부, 학교, 인민반, 여맹 등의 공권력은 '돈'을 통해 여성들이 만들어가는 비공식 사회관계망으로 활용되고 있는 것이다. 이러한 행태는 경제난 이후 조심스럽게 시작되었지만, 이제는 '돈'이라는 매개를 통해 서로 타협과 협력의 관계를 자연스럽게 유지하면서 적극적으로 활성화되고 있다. 북한 사회를 유지하고 지배했던 공적 관계망은 점점 와해되고 있으며, 그 틈새를 북한 여성들의 비공식 사회관계망으로 채워가고 있기 때문이다.

5. 나오며

북한의 일상생활 연구에서 여성들의 미시적 공간을 탐구하는 것은 미지의 세계에 대한 탐험과도 같다. 이런 맥락에서 본 연구는 시장활동에 참여했던 북한 여성들의 비공식 사회관계망을 실증적으로 접근하여 관계망의 형태와 특성을 구체적으로 살펴보고자 하였다. 현상학적 관점에서 북한 여성들의 비공식 사회관계망 형태에 대한 연구결과는 다음과 같다. 첫째, 친분 관계망을 통해 적극적인 '연대와 재결속'을 다지고 있다. 가족끼리 큰돈을 벌 수 있는 장사 정보를 공유하는 한편 일상에서 받는 정신적 고통을 나누고, 사회에 대한 불만이나 정치적인 발언도 묵인될 수 있는 가장 친밀하고 은밀한 혈연적 관계망이다. 둘째, 경제수단 관계망을 통해 소매와 도매 장사를 위한 '목적' 관계를 형성하고 있다. 돈을 버는 것이 목적인 이 관계는 늘 경쟁 대상이면서도 관계를 유지하기 위한 수단과 방법을 필요로 한다. 때로는 수평적인 관계를 유지하다가도 법적 권력을 가진 국가 관료들과는 수직적인 관계로 전환되는 타협적 관계망이다. 셋째, 지역사회 관계망을 통해 경제적 능력을 인정받기 위한 '이해' 관계를 형성하고 있다. 이는 학교와 인민반, 여맹조직 등 지역사회를 중심으로 출현과 소멸을 거듭하면서 비정형화된 협력적 관계망으로 발전한다.

다음으로 북한 여성들의 비공식 사회관계망의 특성은 다음과 같다. 첫째, '과시적 소비'를 통한 구별짓기가 확산되고 있다. 북한 여성들의 경제적 차이는 일상의 경험적 차이를 유발하면서, 삶의 질에서 격차로 나타났다. 둘째, '사회적 자원'을 확장하기 위한 줄다리기에 사력을 다하고 있다. 경제난이 시작된 초기에는 북한 여성들이 가족의 생계를 위해 비공식 경제활동에 뛰어들었지만, 이제는 더 많은 자본을 축적하기 위해 수단과 방법을 다양하게 활용하고 있기 때문이다. 북한 여성들이 일상에서 맺는 다양한 사회관계망(친분, 경제수단, 지역사회)은 완전히 분리된 것이 아니라, 서로 영향을 미치며 필요에 따라 은밀하게, 복잡하게, 협력적으로 연결되었다고 볼 수 있다.

이상과 같이 살펴본 북한 여성들의 비공식 사회관계망 연구의 시사점은 다음과 같다. 첫째, 시장활동에 참여했던 북한 여성들을 비공식 경제활동의 행위 주체로 접근하는 패러다임에 기여했다. 이들은 국가의 통제 여부가 미치거나, 미치지 않는 가장 낮고 은밀한 곳에서 사적 관계망이나 비공식적인 네트워크를 만들어 가고 있다. 이들의 비공식 사회관계망은 불완전한 위기 상황에 적응하기 위한 사회적 자원이며, 비정형화된 커뮤니티들은 유기적·기형적으로 결합하거나 분절되면서 점차 신뢰와 규범이 강화된 집단으로 양상을 드러낼 수 있다.63) 다만 이러한 움직임이 지금 당장 북한 여성들의 사회적 지위 향상으로 연결되었다고 속단하기는 어렵다.

둘째, 북한 여성들이 스스로 만들어가는 비공식 사회관계망 연구에 기여했다. 관계망이라는 것은 인간관계들이 서로 촘촘하게 연결되어 있어 분류 작업이 쉽지만은 않다. 그럼에도 비공식 관계망의 우선 순위에 집중하여 탐색하는 것은 중산층 이상의 북한 여성들의 일상에서 맺는 관계들을 좀 더 미시적으로 접근할 수 있게 하였다. 이들의 비공식 사회관계망을 통한 경제적 능력 향상은 북한의 정치나 구조 변동에 큰 변화를 가져온다고 단정할 수 없지만, 가정이나 성규범 등과 같은 사회문화적 측면에서 가시화될 확률이 높을 것으로 전망하는 김성경64)의 연구와 맥을 같이 한다.

본 연구는 시장활동에 참여했던 북한 여성들의 비공식 사회관계

---

63) 장세훈, 「북한 도시 주민의 사회적 관계망 변화: 청진·신의주·혜산 지역을 중심으로」, 『한국사회학』 제39권 2호, 2005, pp. 104~107.
64) 김성경, 「북한의 사회변동과 주요 행위자: 평가와 전망」, 『정책연구용역 최종보고서』, 2021, p. 22.

망을 통한 인간관계 상호작용의 형태와 특징을 실증적으로 밝혀냈다는 점에서 의의가 있다. 하지만 경제적 능력을 갖춘 북한 여성들의 관계망을 더 촘촘히 밝혀내지 못했다는 아쉬움과 한계를 가진다. 또한 북한 여성들의 비공식 사회관계망 형태가 주로 목적과 이익 추구를 전제한다는 점에서 사회적 불평등과 격차에 영향을 주고 있지만, 일반화하기 어려운 측면이 있다.

이러한 한계점에도 불구하고 본 연구는 북한 여성들의 주도적인 행위로 변화되는 의식과 실천을 통해 가족 구조와 지역사회 전반에 소극적 저항을 기반하는 균열을 만들어내고 있으며 점차 사회변동의 주요한 자원이 될 것[65]이라는 패러다임에 힘을 실었다. 북한 정부의 주민 통제가 지속된다 해도 시장화는 멈출 수 없으며, 여성들의 경제활동을 통해 걷어 들이는 국가의 경제적 이익을 무시할 수는 없을 것이다. 시장화는 불가피하게 고도화될 수밖에 없으며, 북한의 여성들은 자신의 비공식 사회관계망을 굳건히 다지면서 경제적 능력과 삶의 질을 높이기 위한 타협과 협력의 전략을 적극 활용할 것이다. 끝으로 시장활동에 적극 참여하는 북한 여성들에 대한 논의가 과대·과소 평가되는 것과 같은 오류를 범해서는 안 되며, 북한 사회의 제한적 통제에도 불구하고 부를 축적해가고 있는 북한 여성들의 가능성을 열어둘 필요가 있다.

---

65) 김성경, 「북한의 사회변동과 주요 행위자: 평가와 전망」, 『정책연구용역 최종보고서』, 2021, pp. 42~43.

참고문헌

1. 국문단행본

박영자·조정아·홍제환·정은이·정은미·이석기·전영선·강호제, 『김정은 시대 북
　　한 경제사회 8대 변화』, 서울: 통일연구원, 2018.

박현선, 『현대 북한 사회와 가족』, 파주: 한울아카데미, 2003.

소스타인 베블런·김성균, 『유한계급론』, 아산: 우물이있는집, 2012.

윤보영, 「일상의 관계성과 공동체의 변주」, 최지영 외, 『북한 일상생활 공동체
　　의 변화』, 서울: 통일연구원, 2021.

임순희, 『식량난과 북한여성의 역할 및 의식변화』, 서울: 통일연구원, 2004.

조정아·서재진·임순희·김보근·박영자, 『북한 주민의 일상생활』, 서울: 통일연
　　구원, 2008.

조정아·이지순·이희영, 『북한 여성의 일상생활과 젠더정치』, 서울: 통일연구
　　원, 2019.

조현정, 「북한의 계층구조에 따른 교육격차 요인과 실태」, 이화여대 북한연구
　　회 엮음, 『김정은 체제 10년, 새로운 국가 전략』, 서울: 도서출판 선인,
　　2022.

좋은벗들 엮음, 『오늘의 북한, 북한의 내일』, 서울: 정토출판, 2006.

최지영·박희진·윤보영·한승대·한재헌·권주현·심보은, 『북한 일상생활 공동체
　　의 변화』, 서울: 통일연구원, 2021.

2. 국문논문

곽명일, 「한 인민보안원과 주민의 관계 연구」, 『현대북한연구』 제19권 1호, 2016.

권수현, 「조선민주여성동맹의 변화와 지속」, 『사회과학연구』 제18권 2호, 2010.

구수미·오유석, 「북한 도시여성의 삶과 의식: 청진, 신의주, 혜산을 중심으로」, 『사회와 역사』 제65집, 2004.

김석향, 「1990년대 이후 북한주민의 소비생활에 나타나는 추세 현상 연구: 북한 이탈주민의 경험담을 중심으로」, 『북한연구학회보』 제16권 1호, 2012.

김성경, 「북한의 사회변동과 주요 행위자: 평가와 전망」, 『정책연구용역보고서』, 2021.

김성종, 「북한 시장화와 사회적 자본」, 『사회적경제와 정책연구』 제10권 1호, 2020.

김연지, 「인민반은 북한주민들의 감시조직」, 『北韓』 546호, 2017.

김혜진, 「고난의 행군 시기 이후 북한학부모의 자녀교육지원에 관한 연구」, 『Journal of North Korea Studies』 제5권 2호, 2019.

김혜영, 「북한 가족의 특징과 변화의 불균등성」, 『가족과 문화』 제29권 1호, 2017.

김화순·안지영·함연희, 「첫 직장과 결혼: 북한 여성의 직장진출과 진로분화」, 『통일인문학』 제84집, 2020.

박영자, 「북한 사회 변화와 주민생활」, 『한국여성정책연구원 세미나자료』, 2016.

박은주·김민정, 「북한 여성의 헤어스타일에 관한 연구: 2000년 이후를 중심으로」, 『한국인체미용예술학회지』 제11권 4호, 2010.

박정인, 「북한돈주의 소비형태 연구」, 북한대학원대학교 석사학위논문, 2016.

박현선, 「북한 경제개혁 이후 가족과 여성생활의 변화」, 『여성학논집』 제22권 1호, 2005.

배영애, 「김정은 시대의 인민반에 관한 연구」, 『통일정책연구』 제29권 2호, 2020.

이상숙, 「렴형미 시 연구: 여성을 담는 거울과 공허한 전형」, 『우리문학연구』 제68집, 2020.

임순희, 「식량난이 북한 여성에게 미친 영향」, 『통일문제연구』 제43권 1호, 2005.

장세훈, 「북한 도시 주민의 사회적 관계망 변화: 청진·신의주·혜산 지역을 중심으로」, 『한국사회학』 제39권 2호, 2005.

정은찬·김재현, 「경제난 이후 북한여성의 실질소득격차분석」, 『아시아여성연구』 제53권 1호, 2014.

정은찬, 「시장도입에 따른 북한여성의 경제적 역할변화」, 『세계지역연구논총』 제37권 4호, 2019.

정일영, 「공장관리체제를 통해 본 북한 사회의 변화: 당비서-지배인-노동자 삼각관계의 변화를 중심으로」, 『통일연구』 제17권 1호, 2013.

조성은, 「북한 주민의 소비생활 변화와 함의」, 『보건복지포럼』 제298호, 2021.

조영주, 「북한의 시장화와 젠더 정치」, 『북한연구학회보』 제18권 2호, 2014.

조정아, 「북한 주민의 '일상의 저항': 저항 유형과 체제와의 상호작용」, 『북한학연구』 제7권 1호, 2011.

조정아, 「북한 주민의 여가생활」, 『KDI북한경제리뷰』 2017년 8월호, 2017.

조현정, 「북한 중등교사들의 교직경험에 대한 질적 연구」, 이화여자대학교 대학원 박사학위논문, 2020.

최선경, 「북한 주민의 휴대폰 사용과 시장 활동에서의 '신뢰' 네트워크」, 『현대북한연구』 제24권 1호, 2021.

최봉대, 「북한의 도시 '장마당' 활성화의 동학: 1990년대 신의주, 청진, 혜산을 중심으로」, 『현대북한연구』 제8권 3호, 2005.

최봉대, 「북한의 자생적 개인사업자 집단의 비공식적 연결망 및 신뢰구축 기제와 그 특성」, 『현대북한연구』 제23권 2호, 2020.

3. 영문논문

Jozsef B. & Caleb S., "'Who You Know' Earnings Effects of Formal and Informal Social Network Resources under Late State Socialism, Hungary", *Journal of Socio-Economics* Vol. 27, No. 3, University of Oregon, 1998.

Wenger G. C., "A network typology: From theory to practice", *Journal of Aging Studies* Vol. 5, No. 2, 1991.

4. 북한문헌

과학백과사전출판사 편, 『조선대백과사전』, 평양: 과학백과사전출판사, 2004.

『로동신문』 각 호.

5. 기타 자료

통일부, 「북한정보포털」, https://nkinfo.unikorea.go.kr/nkp/term/viewNk
KnwldgDicary.do?pageIndex=1&dicaryId=207(검색일: 2022.8.1).

제 2 부

다가올 미래

제4장

서울시 북한이탈주민 정책 현황과 장기적 과제*
북한이탈주민 건강상태를 기반으로 한 의료지원을 중심으로

/

김엘렌

1. 들어가며

서울시가 2022년 2월 21일 발표한 '북한이탈주민 지원 종합계획'에 따르면, 서울에 거주하는 북한이탈주민은 지난해 2월 기준 약 6,800명으로 국내 전체 탈북민(3만 1,493명)의 21%가량을 차지하고 있다. 이는 북한에서 온 이탈주민 5명 중 1명은 서울에 산다는 의미이다. 따라서 남한의 전 지역 중 북한이탈주민 1/5이 사는 도시에서 시행 중인 정책 현황을 파악하고 방향성을 반추하는 것은 유의

* 이 글은 2024년 5월 이화여대 통일학연구원에서 발간하는 학술지 『JPU』에 실린 글을 수정·보완한 것이다. 「Status of Seoul Metropolitan Government's North Korean Defector Policy and Long-Term Challenges: Focusing on medical support based on health status of North Korean defectors」, 『Journal of Peace and Unification』 14(2), 2024, pp. 5~23.

미한 일이 아닐 수 없다. 서울시가 2022년 북한이탈주민을 위한 종합계획을 내놓은 것은 2013년 이후 9년 만이다. 이러한 통합 플랜은 2023년 들어서 보다 세밀화, 정밀화되었다. 과거 서울시 정책이 단편적인 정착지원정책이었다면 이를 넘어서는 완전한 자립, 사회통합을 위하여 종합계획을 실현한다는 취지에서 비롯된 것으로 보인다. 이들을 지역사회 일원으로 살아갈 수 있도록 하는 방안은 북한이탈주민의 거주 비율을 상기할 때 장기적으로 정책을 준비하는 데 있어 단초가 된다. 그동안 통일부나 하나재단을 통해 이러한 정책이 지속적으로 이루어져 왔다. 서울시가 거버넌스 차원에서 미시적인 부분에서 중복되지 않으면서 다른 층위에 있는 거시적인 정책을 설계하는 것은 여러 가지 측면에서 유의미한 일이 될 것이다.

본 연구는 우선 서울시에서 북한이탈주민의 적극적인 안착을 위하여 시행하고 있는 정책을 분석하고 분석 결과를 통해 미래의 남북통합 가정했을 때 시급하지만 논의가 잘 되고 있지 않은 문제가 무엇인지에 관한 단초를 제시하고자 한다.

김정은의 지속적인 핵, 미사일 위협과 더불어 2024년 신년 초에는 대한민국을 주적으로 명기하며 남북관계가 경색을 넘어 파국을 맞은 모양새이다. 결국 과거 서울시에서 시행하였던 남북교류도 중단되었다. 이러한 때 남북교류가 끊어졌다고 낙심할 것이 아니라 과거 지자체에서도 장기적으로 관심을 가졌어야 할 북한이탈주민에 관하여 내부통합 플랜을 재정비하는 과정을 갖는다면 유의미한 시기가 될 것이다. 우선 서울시에서 시행하는 북한이탈주민의 정책 현황을 파악하고 앞으로의 통합 한국을 위해 지자체에서 준비해야 할 미래는 어떤 것인지에 대하여 반추해 보고자 한다.

2. 서울 거주 북한이탈주민 특성 및 환경

1) 서울시 거주하는 북한이탈주민의 인구학적 특성[1]

그동안 서울시에서는 남북교류에 일환으로 문화적, 역사적 교류에 공을 들여왔으나 2019년 북미 간 하노이 노딜사태 이후 남북관계가 경색되기 시작하면서 남북교류도 잠정적으로 중단되었다. 이에 따라 서울시는 내부적으로 이탈주민에 관한 정책을 정비하는 차원에서 북한이탈주민 지원 종합계획을 발표하게 된다. 거슬러 올라가 2019년 발생한 탈북모자 아사사건은 당시 한국 사회에 큰 충격을 주었다. 북한이탈주민 정책 문제에 대해 우려의 목소리가 커지는 등 큰 파장을 일으켰다.[2] 국민들은 언론 보도를 통해 세상으로 드러난 탈북 모자의 충격적인 죽음을 접하게 된다. 외신들도 이를 집중 보도하며 대북정책 기조에 따라 달라지는 탈북민 지원사업 문제가 수면 위에 떠올랐다. 국내외적으로 큰 파장을 남긴 사건이었다. 우리

---

[1] 남북하나재단, 『북한이탈주민 정착실태조사』 및 『북한이탈주민 사회통합조사』, 『탈북 청소년 실태조사』, 2022.

[2] 2019년 5월 13일 마지막으로 3,858원을 출금하여 통장 잔액이 0원이었고, 경찰은 5월 말 모자가 숨진 것으로 추정했다. 현장에는 외부 침입이나 타살 내지 자살 흔적이 없었고, 단수 조치된 집 안에 먹을 것이라곤 전혀 없어 굶주림을 피해 사선을 넘은 탈북 모자가 결국 대한민국 수도 서울 한복판에서 굶어 죽었다는 정황이 너무도 다분했다. 이로 인해 북한이탈주민에 대한 지원정책에 대한 우려의 목소리가 나왔다.

사회에는 3만여 명의 북한이탈주민이 들어와 자본주의 사회 속에서 고군분투하고 있다. 그리고 총 북한이탈주민 중에서 21% 정도가 서울에서 생활하고 있다.

2022년 서울시에 거주하는 인구학적 특성을 보면 북한이탈주민 여성 비율이 68.4%로 여성이 남성보다 높은 비율을 차지하고 있다. 거주 연령으로는 40대 이상 중장년·노령층 비율이 63.2%로 높은 편으로 나타났다.[3] 서울시 거주하는 북한이탈주민의 44.5%가 양천구(15.5%), 노원구(15.3%), 강서구(13.7%)와 같은 3개 구에 집중적으로 살고 있는 것으로 나타났다.

2) 사회적 관계망

그렇다면 그들의 사회적 관계망에 관한 조사 결과는 어떻게 나올까? 매년 하나재단에서 실시하는 전국 북한이탈주민의 인간관계 만족도에 관한 조사 결과를 보면 '만족한다'는 답변이 62.2%로 일반 국민 만족도인 52.8%보다 약 10% 이상 높게 측정되고 있다. 또한, 전국 북한이탈주민을 대상으로 지난 1년간 차별·무시당한 경험을 당해보았냐는 질문에 '그렇다'라는 응답은 19.5%로 집계되었다.

차별에 대한 주된 이유로 "말투, 생활방식, 태도 등 문화적 소통방식 다름"이 75.5% 가장 높았고, "탈북민에 대한 부적정인 인식"이

---

[3] 40대 21.9%, 50대 24.5%, 60세 이상 16.8%. 전국 통계: 여성 75.5%, 40대 이상 중장년·노령층 비율은 63.1%(남북하나재단, 『북한이탈주민 정착실태조사』 및 『북한이탈주민 사회통합조사』, 『탈북청소년 실태조사』, 2022).

44.2%로 뒤를 잇고 있다. 특히, 차별과 무시를 당한 이유로 (복수 응답) 말투, 생활방식, 태도 등 문화적 소통방식이 다르다는 의견이 75.5%, 북한이탈주민에 대한 남한 사람들의 부정적인 인식 44.2%, 전문지식에 대한 능력 부족이라는 생각 20.4%, 언론의 북한체제 및 탈북민에 대한 부정적 보도 15.4%로 나타났다.

3) 서울 생활 만족도

서울에 거주하는 북한이탈주민의 생활 만족도는 77.2%로 높게 나타났으며, '보통이다 (21%)'라는 답변까지 포함할 경우 98.2%를 나타내고 있다. 해당 응답을 보았을 때 서울에 거주하는 북한이탈주민은 대체로 일상생활에 만족하고 있다는 답변을 한 것이다. 이는 후반부에서 설명할 의료적 측면에서 보이고 있는 심리적인 양상과는 다른 결과로 보인다.

4) 보건 및 건강 상태

그들의 보건 및 건강 상태는 남한으로 이주할 때 좋지 않다는 연구결과에서도 예상할 수 있듯이 이탈주민을 대상으로 한 건강 상태에 대한 자기평가결과는 '좋다(32.3%)'라는 인식보다 '보통 (34.3%)'이나 '나쁘다 (33.4%)'라고 응답하는 비율이 높게 나타났다. 그들이 건강검진으로 건강 관리하는 비율을 보면 북한이탈주민 72.7%로 서울에 살고 있는 국민 85.1%와 비교 시 차이가 나타나고 있음을 알

수 있다. 북한이탈주민이 느끼는 스트레스 정도를 일반 국민과 비교

하였을 때 직장생활을 제외하면 일상생활, 학교생활, 가정생활에서

모두 높은 수치를 기록하고 있다.[4]

5) 사회적·경제적 특성

주지하다시피 북한이탈주민 스스로가 직장생활을 제외하고 다른

부문에서 일반 국민과 비교하여 더 높은 스트레스를 받는다는 연구

결과에 대해 의문점을 갖게 되지만 이를 뒷받침해 줄 연구결과는

다음과 같다.

전국 북한이탈주민을 대상으로 개인이 인식하는 사회·경제적 지

위 개선에 대한 가능성을 일반 국민이 기대하는 수준과 비교하였을

때 북한이탈주민이 갖는 기대 수준이 비교적 높게 나타났다. 사회·

경제적 지위 개선 가능성 응답에 관한 비율이 '높음' 69.6% (일반

국민 25.3%), '낮음' 17.6% (일반 국민 60.5%), '잘 모르겠음' 12.7%

(일반 국민 14.2%)으로 나타났다. 전국 북한이탈주민의 경제활동 수

치를 보면 여성보다 남성 고용률이 더 높고[5] 사업체로는 제조업에

종사하는 비율이 가장 높다. 다만 북한이탈주민 대부분이 여성인 점

을 감안하여 직업 특성을 이해해야 할 것이다. 북한이탈주민의 직업

유형으로는 단순 노무 업무와 서비스업에 약 40% 정도이며 전문가

---

[4] 일상생활: 59.8%(일반 국민 44.9%), 직장생활: 61.5%(일반 국민 62.1%), 학교생활: 55.5%(일반 국민 35.6%), 가정생활: 47.9%(일반 국민 34.9%).

[5] 성별 고용률: 남성 74.8%(일반 국민 72.4%), 여성 54.1%(일반 국민 53.8%).

및 관련업에 종사하는 비율은 11.6%에 그치고 있다.[6] 일반 국민이 가진 직업 유형 중 가장 높은 비율이 '전문가' 20.6%에 비하면 전문적인 업무에 종사하는 비율이 낮다.[7]

북한이탈주민은 주로 임대아파트에 가장 많이 거주하는 주택 소유 형태를 가지고 있다.[8] 전국 북한이탈주민을 대상으로 '더 나은 남한 생활을 위해 필요한 지원'에 대한 설문에 취업과 창업 관련 지원을 가장 많이 응답하였다. 두 번째로는 의료 관련 지원을 높게 꼽았다.[9]

3. 서울시 북한이탈주민 지원 현황

서울시에서 시행하고 있는 북한이탈주민 지원 현황을 요약하면 다음과 같다. 서울시는 북한이탈주민의 정착, 자립 및 사회통합을 위해 사업을 4개 분야로 나누어 총 15개 사업을 지원하고 있다. 지원하고 있는 4대 분야는 생활밀착 서비스 지원, 건강한 가정형성 지원, 자립·자활 지원, 지원기반 및 협력체 구축에 관한 내용을 담고 있다.

---

[6] 북한이탈주민 사업체 유형별: 제조업 20%, 숙박 및 음식점업 12.3%, 보건업 및 사회복지서비스업 12.3%, 도소매업 9.8% 등, 일반 국민 사업체 유형별: 제조업 15.8%, 숙박 7.6%, 보건 9.7%, 도소매 11.7% 등으로 나타나고 있다.

[7] 북한이탈주민 직업 유형: 단순 노무 종사자 21.2%, 서비스 종사자 19.0%, 전문가 및 관련 종사자 11.6%, 기능원 등 11.6% 등으로 나타나고 있고 일반 국민 직업 유형: 단순 노무 14.8%, 서비스 11.4%, 전문가 20.6%, 기능원 8.7% 수치를 보이고 있다.

[8] 임대아파트 거주 비율이 69.8%(전국 54.5%)로 가장 높고, 전월세 19.5%(전국 21.2%), 자가 5.8%(전국 20.1%), 친구 집 등 기타 3.8%(전국 3.0%) 순이다.

[9] 전국: 취·창업 21.9%, 의료 18.7%, 주택 13.3%, 교육 13.2%, 소득 12.1%, 청년(전국): 학습·학업 55.0%, 생활비 20.5%, 진로 14.36%, 의료 3.7%

<표 1> 서울시 북한이탈주민 지원체계

1. 생활밀착 서비스 지원	① 북한이탈주민 신규전입자 기초생활물품 지원 ② '서울시민되기 길라잡이' 행사 운영 ③ 종합 건강검진 패키지 지원(심리검사 포함) ④ 일반 질환 치료비 및 예방접종비 지원 ⑤ '북한이탈주민 서울생활안내서' 제작 및 배포
2. 건강한 가정 형성 지원	① 가정 자녀 학습 지원(만 3세~초등학생) ② 청소년 대상 학습 지원(서울런 연계) ③ 찾아가는 가정돌봄 서비스 ④ 위기 상황 신속 대응 긴급돌봄 지원 ⑤ 마음돌봄 프로그램 운영
3. 자립·자활 지원	① 북한이탈주민 공공일자리 지원 ② 북한이탈주민 코칭 양성 지원
4. 지원 기반 및 협력체계 구축	① 서울시 지역적응센터 운영 지원 ② SH·LH 연계한 북한이탈주민 주거 지원

1) 생활밀착 서비스 지원사업

생활밀착 서비스 지원사업은 일상생활, 건강검진 및 치료비, 안내서 제작 등 총 6가지 사업 진행하고 있다. 서울시의 지원은 남북하나재단의 지원과 중복되지 않도록 북한이탈주민 신규전입자 대상으로 가전 및 가구를 비롯하여 기초생활 물품 지원하고 있다. 신규전입 이탈주민 대상 환영의 일환으로 생활안내, 시청투어, 시내 관광 등 행사 진행과 같은 서울시민되기 길라잡이 행사를 운영하고 있다. 심리검사를 포함한 종합 건강검진 패키지 지원의 경우 거주 이탈주민 대상으로 종합건강검진 패키지 제공 및 사후 관리 지원을 하고 있다. 더불어 거주 이탈주민을 대상으로 종합 건강검진 후 필요에 따라 고위험군 진료비 지원 및 예방접종 지원하고 있으며 만 12세 이상 이탈주민 100명을 대상으로 틀니, 보철, 임플란트 치료 등을 위한 치과 치료비 지원을 하기 시작했다.

신규전입 이탈주민과 유관 기관이 서울의 복지, 취업, 법률, 세금 등 지원 혜택 및 정착에 필요한 정보를 수록. 격년제로 내용을 보완하며 안내 책자 제작 및 배포하는 것과 같은 서울 생활에 소프트 랜딩을 위한 안내서를 제작, 배포하고 있다. 생활밀착 서비스 지원사업이 지난 사업과 차이점이 있다면 의료부문에서 보완이 많이 되었다는 지점일 것이다.

2) 건강한 가정형성 지원사업

건강한 가정형성은 한나라를 지탱하는 중요한 요소 중 하나이다. 이를 위해 북한이탈주민의 건강한 가정형성에 대한 관심이 증대되면서 위해 자녀 학습지원, 돌봄 지원 등 총 5가지 사업 진행하고 있다. 가정 자녀 학습 지원(만 3세~초등학생)은 제3국 출생을 포함한 만 3세~초등학생 이탈주민 자녀가 있는 가구 대상, 전문교사의 1:1 맞춤 방문 학습 교육서비스 및 정서 멘토링 지원하고 있다. 서울시에서 가장 성과를 내고 있는 '서울런'과 연계한 청소년 대상 학습지원이 있다. 이탈주민 청소년(만 6세~만 24세)을 대상으로 온·오프라인 학습 콘텐츠 및 1:1 맞춤형 멘토링 제공하고 있다. 그동안 지원에서 소외되어 왔던 제3국 출생 이탈주민 청소년은 23년 하반기부터 지원이 가능하게 되었다. 이 부문은 북한이탈주민이 제3국 출생인 자식을 데리고 오는 비율이 증가함에 따라 사각지대를 형성했던 부문을 개선한 것으로 현실을 반영한 정책이 이루어진 사례이다. 또한 서울 거주 이탈주민가정이 위기 상황(건강, 빈곤 등)일 때 위기가정 전문가 자원연결 지원을 하는 찾아가는 가정돌봄 서비스 제도가 있다. 또한 지역적응센터에서 지정된 취약계층 이탈주민을 대상으로 위기상황 사전 예방과 안전 관리를 위해 독거세대 간병, 돌봄공백가정 긴급보육, 안부살핌 등 맞춤 서비스를 하는 위기상황 신속대응 긴급돌봄 지원제도가 있다. 심리, 정서적 어려움을 겪고 있는 서울 거주 이탈주민을 대상으로 마음 건강 회복을 위한 프로그램 운영하고 있다. 이러한 프로그램의 운영의 실질적인 목적은 그들을 '지원한다'가 아니라 북한이탈주민들이 자본주의에 적응하는 과정에서 상대적으로 접근 문턱이 실제적으로 높게 보이는 부분들을 채워가는 적응의 과정인 것이다.

3) 자립·자활 지원사업

대한민국에 안착한 이후 현실적으로 맞닥뜨리는 그들의 가장 큰 문제는 경제적인 부문이다. 경직된 집단주의 체제에서 자본주의 사회로 오게 되면서 그 사회에 적응하며 제도와 시스템을 채 익히기도 전에 만나는 문제는 녹록지 않다. 일을 찾기가 쉽지 않을뿐더러 스스로 자립을 하기도 힘들다. 이들이 우리 사회에 적응을 제대로 하지 못한다면 사회 분위기 저해와 사회적 손실은 갈수록 늘 수밖에 없기에 자립, 자활 지원사업은 미래의 통합 한국을 준비하는 과정에서 중요하다고 할 수 있다.

　서울시에서는 공공일자리 지원과 코칭 양성 지원으로 총 2가지 사업 진행하고 있다. 그중 하나가 북한이탈주민 공공일자리 지원사업이다. 북한이탈주민 정착지원 등 관련 분야 취업을 희망하는 시민을 대상으로 직무교육 등 취업지원, 이탈주민 정착지원 서비스 보조 등 실무경험 제공하고 있다. 또 하나는 북한이탈주민 코칭 양성 지원사업인데 이미 정착한 북한이탈주민을 코칭 인력으로 양성하여 동료 이탈주민을 지원하기 위한 사업, 수준별 코칭 양성 프로그램 운영 및 북한이탈주민 지원사업과 연계하여 현장 실무 경험 기회 제공하고 있다. 북한이탈주민 코칭 인력을 양성한다는 것은 지속적인 연계성을 가진 부문으로 그들 스스로의 자본주의 사회에서의 자생력을 높이는 데 기여할 수 있을 것이라고 여겨진다.

4) 지원기반 및 협력체계 구축사업

　서울시에서는 지역적응센터 운영 지원 및 주거지원 총 2가지 사업 진행하고 있다. 북한이탈주민 특성을 고려하여 거주지 적응 교육, 심리·진로상담, 취업 서비스 안내, 생활정보 제공 등을 지원한다. 또한 하나원에서 교육 중인 이탈주민을 대상으로 하나원 수료 후 최초 거주지 전입 시 한국토지공사(LH), 서울 주택공사(SH)와 연계하여 거주지 주택 배정 및 주거지원금을 지원한다. 예전에는 하나원을 나오면서 주거지원금 사기를 당하는 사례도 많았으나 하나원과 서울시의 정보의 연계성과 확장성이 이러한 일들을 감소시키고 그들의 주거 안정을 시키는 데 있어 도움을 주고 있다.

4. 향후 서울시 북한이탈주민 정책 개선 방향

위에서 설명한 것처럼 서울시는 미시적으로 북한이탈주민의 정착, 자립 및 사회통합을 위해 사업을 4개 분야로 나누어 촘촘하게 총 15개 사업을 지원하고 있다. 한반도 정세와 국제정세의 혼란 등의 이유로 남북교류 중단이 장기화될 것으로 예상되는바 서울시는 북한이탈주민의 안정적인 삶을 추구하는 방향으로 정책의 무게 중심을 이동하였다. 이를 계기로 거버넌스 차원에서 미래지향적으로 준비해야 할 과제로 주목해야 할 것은 무엇일까?

1) 북한 내 결핵 환자 증가에 따른 정책 수립 방안

장기적인 관점으로 사회통합을 염두에 두고 사회적 비용을 줄이기 위한 정책 수립 과정이 필요하다. 그동안은 이에 관한 문제는 논의는 되었으나 실질적인 정책으로 반영되지는 못하고 있었다.

북한 보건 현황을 보면 DMZ를 사이에 두고 남북한은 평균 기대 수명 11년 차이, 영유아 사망률 5배, 모성 사망률 5배, 결핵 발생률 6배로 추정되고 있으며 대한민국은 바이러스 질환, 북한은 기생충, 박테리아 시대에 살고 있고 코로나로 인해 바이러스 질환이 추가된 상황이다. 특히, 식량 부족과 연동된 전염성 있는 결핵 환자들 증가

추이도 주목해야 할 상황이다.

현재 북한 주민이 겪고 있는 이 질병은 우리와 별 상관없는 것처럼 보이지만 그들의 질병으로 인한 어려움은 결과적으로 이들뿐만 아니라 장기적으로 남한 전체에도 영향을 미칠 뿐만 아니라 사회적 비용을 증가시키는 우려 요인이기 때문에 관심을 지속적으로 두어야 할 사안이다.

결핵과 관련하여 의약품 부족, 진단키트 부족, 진단 장비 부족, 격리 시설 부족, 완치 여부 확인도 거의 불가능한 상태이다. 북한 주민들 대다수는 결핵약을 장마당에서 구입한다. 이러한 현실은 그들이 한국 땅으로 유입이 되었을 때 다제내성10) 환자 주요 증가 요인으로 파악되고 있다. 더불어 북한 주민들이 의약품을 장마당에서 구입하는 행위는 결과적으로 '빙두'라는 마약 복용 증가 요인 중 하나이다. 제대로 된 약을 구입하지 못해 결국 통증으로 인해 일상생활이 불가능해지는 상황 때문에 구입하기 시작하는 마약은 결국 그들의 생명을 황폐하게 몰아가는 원인이 되는 것이다. 목적은 다르지만 이제 마약 문제는 대한민국에서도 일상을 위협하는 요인으로 대두되어 뿌리 깊이 사회 저변에 스며들고 있는 상황이기도 하다.

---

10) 다제내성 결핵은 결핵 치료 중 가장 흔하게 발생. 주로 의사의 부적합한 치료나 환자의 약 복용 누락과 치료 중단이 이유가 되며 면역력이 약화된 사람들이 쉽게 걸리는 것으로 알려져 있음(Centers for Disease Control, "Nosocomial transmission of multidrug-resistant tuberculosis among HIV-infected persons; Florida and New York, 1988~1991", *MMWR Morb Mortal Wkly Rep 40*, 1991, pp. 585 ~591.

북한 내 결핵 환자는 13만 5천 명 전후 추정되며 결핵으로 인한 사망률은 아프리카 수준으로 보고되고 있다. 특히, 다체내성 환자가 많은 것으로 추정되고 있는데 현재 북한의 상황은 결핵약은 바닥났고 코로나로 인해 사망자 증가와 같은 요인들이 다체내성 환자가 많은 주요 원인으로 파악하고 있다.[11] 따라서 장기적 통합과정에서 한반도에 미칠 리스크에 관하여 의료인들의 진단과 방안에 관한 정책 수립 과정 필요하다. 특히, 의료가 담보되지 않은 통합은 한반도의 새로운 등극 위험요인이 될 가능성 간과해서는 안 된다. 이러한 이유로 정부, 지자체, 민간 차원에서 관심을 갖고 장기적 플랜을 구축해야 할 필요성이 있다. 현재 상황이 여의치 않다면 국제기구를 통해서 간접적으로도 관심을 가져야 할 사항이라고 할 수 있다. 남북교류가 중단된 지금 서울시가 북한이탈주민에 대한 지원을 위해 정책을 고심하는 것도 의미가 있지만 동시에 어떤 방향으로 진행될지 예측하기 어려운 미래의 한반도 통합을 위해 준비된 거버넌스 구축에 대한 관심과 역할에 대하여 고찰이 필요한 시점이다.

2) 남한 이주 후 건강 상태 추적연구 결과로 본 북한이탈주민 정책 방안

앞의 문제 제기와 연동하여 정부 차원, 지자체 차원에서 논의가

---

11) 김신곤, 「북한이탈주민 건강에 관한 추척 관찰 연구결과」, 『고려대 통일융합연구원 개원 심포지엄 자료』, 2022 참조.

제대로 되지 않았던 이슈 중 하나는 북한이탈주민 건강 상태 추적연구 결과가 주는 사회적 통합에 있어 여러 문제를 야기시키는 함의에 관한 문제이다. 남북교류가 중단된 이때 북한이탈주민에 대한 여러 제도가 강화되는 지금 미래를 위해 지자체에서 논의되어야 할 사안 중 가장 선순위가 되어야 할 문제라고 판단된다. 그렇다면 무엇이 그렇게 문제가 되는 것일까?

고려대 의대 연구팀은 북한이탈주민 이주 이후 건강 상태를 추적 연구하였다.[12] 특히, 국민건강보험 연구원과 함께 남북 주민건강의 차이를 데이터 비교 연구를 하였는데 북한이탈주민뿐만 아니라 남한 사람의 건강데이터를 같이 비교할 수 있게 된 것은 매우 유의미하며 연구결과도 흥미롭다. 실제 의료 데이터와 진료 데이터를 분석한 이 연구는 분절된 국가에서 두 개의 건강 차이를 비교한 의미 있는 연구로 평가할 수 있다. 다만 북한이탈주민이 북한 내 주민들 건강을 일반화할 만큼 대표성을 갖지 못하다는 것이 한계점을 노정한다.[13] 그러나 사회적 통합을 상정할 때 북한 주민건강을 들여다볼 수 있는 리트머지가 같은 단초가 될 수 있다는 점에서는 시사점을 준다.

북한에서 제3국을 거쳐 한국으로 오면서 소위 '남한화' 되는 과정에서 질병 변화 추이를 본다는 것은 장기적 플랜에서 통일이나 통합

---

12) Yo Han Lee·Won Jin Lee·Yun Jeong Kim·Myong Jin Cho·Joo Hyung Kim·Yun Jeong Lee·Hee Young Kim·Dong Seop Choi·Sin Gon Kim·Courtland Robinson, "North Korean refugee health in South Korea (NORNS) study: study design and methods", *BMC Public Health*. No. 12, 2012, p. 172.
13) 북한이탈주민의 대부분이 중국 접경지역에 살았던 비율이 높음.

이후에 북한 주민들의 건강이 어떻게 변할지를 알 수 있게 해주는 지표가 될 수 있다. 7,500만 명의 쌍둥이 연구이기 때문이다.[14] 다음은 2008년부터 고려대 연구팀이 북한이탈주민 무료 건강검진을 시행하여 구축된 코호트 자료를 기반으로 한 추가적인 분석에 대한 연구결과[15]이다.

(1) 대사질환 위험[16][17][18]

대사증후군은 당뇨병의 발생을 증가시킬 뿐만 아니라 심장병이나 뇌졸중과 같은 심혈관질환[19]의 대표적인 위험인자이다. 북한이탈주민은 대부분 복부 비만도가 낮지만, 대사증후군의 유병률은 남한 사

---

[14] 특히, 통상적인 이주민 연구와 다른 점은 이주민 연구가 이민족(다른 국가)으로의 이주로 인해 이주하지 않은 집단과 비교하여 원인을 규명했다면 이 연구는 유전적으로 동일한 민족이 분단(one-step)과 이주(two-step)라는 과정을 통해 사회경제환경의 두 가지 스텝의 변화를 경험한 이주민 연구라고 할 수 있기 때문이다.

[15] 김신곤, 「북한이탈주민 건강에 관한 추척 관찰 연구결과」, 『고려대 통일융합연구원 개원 심포지엄 자료』, 2022 참조.

[16] Yoon Jung Kim·Yo Han Lee·Yun Jeong Lee·Kyeong Jin Kim·Jee Hyun An·Nam Hoon Kim·Hee Young Kim·Dong Seop Choi·Sin Gon Kim, "Prevalence of metabolic syndrome and its related factors among North Korean refugees in South Korea: a cross-sectional study", *BMJ Open*. Vol. 6, No. 6, Jun 2016.

[17] Yoon Jung Kim·Sin Gon Kim·Yo Han Lee, "Prevalence of General and Central Obesity and Associated Factors among North Korean Refugees in South Korea by Duration after Defection from North Korea: A Cross-Sectional Study", *Int J Environ Res Public Health*. Vol. 15, No. 4, Apr 2018.

[18] Yoon Jung Kim·Yo Han Lee·Yun Jeong Lee·Kyeong Jin Kim·Sin Gon Kim, "Weight Gain Predicts Metabolic Syndrome among North Korean Refugees in South Korea", *Int J Environ Res Public Health*. Vol. 18, No. 16, Aug 2021.

[19] 예를 들어 고혈압, 고혈당, 복부비만 등을 의미한다.

람에 크게 차이가 나지 않는다. 남한에 정착한 후 체중증가가 되면 대사증후군의 위험도는 현저히 증가한다. 특히 북한에서 1990년 후반 이른바 '고난의 행군'이라 불리는 극심한 기아를 경험한 연령대는 미래에 대사질환, 심혈관질환의 중심에 설 수 있다. 이른바 대사질환이나 심혈관질환으로 분류되는 병은 빈곤을 경험한 세대에서 갑작스런 풍요가 닥칠 때 그 위험도가 증가하는 질환이기 때문이다.[20] 과거 한국보다 영양적 박탈 경험의 정도가 높은 북한에서 향후 예상되는 대사질환에 대한 대비가 필요한 이유인 것이다. 우리나라에 거주하고 있는 북한이탈주민의 생활습관병 유병 규모를 관리하기 위하여 관계 당국과 보건의료인들의 적극적인 협업이 필요하다.

〈표 2〉 북한이탈주민과 일반 주민 30대 남성 건강 지표 비교

	북한이탈주민(탈북자)	일반 주민(남측 30대 남성)
평균 키	166.5cm	172.5cm
평균 체중	62.8kg	72.3kg
복부 비만율	5.6%	31.8%
췌장 호르몬 분비 능력	79.2	117.4
대사증후군* 발생률	14.3%	16.7%

* 대사증후군: 고혈당, 고혈압, 고지혈증, 비만 등의 여러 질환이 한 개인에게서 한꺼번에 나타나는 상태(탈북자는 복부 비만이 적어도 혈당 분해 능력이 약해 대사증후군 급증).
출처: 고려대학교 의과대학, 「국내 거주 탈북자 건강 추적 코호트(cohort) 연구」 참고.

[20] 한국전쟁 이후 빈곤의 시기를 지나면서 그 시기를 경험한 세대의 당뇨병 증가가 유의미하게 일어난 것과 같은 맥락이다.

북한이탈주민 질병을 다룬 다른 연구결과 북한이탈주민이 이주 기간이 길수록 비만도가 증가함을 확인할 수 있다.

〈그림 1〉 이주 기간에 따른 북한이탈주민 비만도

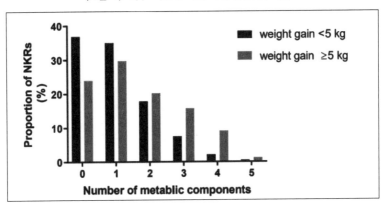

(2) 골다공증 위험[21][22]

여성 갱년기 이후에 급격히 증가하는 대표 질환인 골다공증은 골절과 이로 인한 사망률도 증가시킬 수 있는바 갱년기 이후 북한이탈주민의 골다공증의 유병률은 48%로 우리나라 여성의 17%와 비교

21) Kyeong Jin Kim·Jee Hyun An·Kyoung Jin Kim·Ji Hee Yu·Nam Hoon Kim·Hye Jin Yoo·Hee Young Kim·Ji A Seo·Nan Hee Kim, "Prevalence of osteoporosis among North Korean women refugees living in South Korea: a comparative cross-sectional study", *BMJ Open*. Vol. 10, No. 6, Jun 2020.

22) Kyeong Jin Kim·Yoon Jung Kim·Sun Hwa Kim·Jee Hyun An·Hye Jin Yoo·Hee Young Kim·Ji A Seo·Sin Gon Kim·Nan Hee Kim·Kyung Mook Choi·Sei Hyun Baik·Dong Seop Choi·Nam Hoon Kim, "Vitamin D status and associated metabolic risk factors among North Korean refugees in South Korea: a cross-sectional study" *BMJ Open*. Vol. 5, No. 11, Nov 2015.

하면 차이가 많이 나고 있음을 알 수 있다. 골다공증도 20대~30대 시기의 영양 상태에 따라 달라지며 이때 형성된 총 골량은 갱년기 이후 골다공증 질환의 유병 여부와 유의미한 상관관계가 있다. 연구 결과 북한에서의 영양 상태가 좋지 않았던, 특히 90년 후반 극심한 기아를 경험한 세대의 경우 골량이 증가하지 않아 폐경 이후 골다공증의 유병률이 증가한 것으로 나타났다. 더불어 골 건강과 관련된 비타민-D의 농도가 정상수치를 나타내는 여성이 없다는 것은 이러한 결과를 뒷받침하고 있다. 현재 북한의 지속적인 식량 부족 사태로 인해 영유아와 청소년기의 영양 상태가 좋지 않음을 상기한다면 골다공증의 유병 규모의 확대로 인해 추후 통합의 시기가 도래할 경우 사회적 비용의 증가가 우려된다.

(3) 정신건강 위험[23][24]

〈그림 3〉은 북한이탈주민 여성 중 제3국에서의 거주 기간이 길었던 경우는 정신건강이 취약한 상태임을 확인시켜 주는 결과이다. 구체적으로 북한이탈 여성들의 우울증, 자살사고, 자살시도의 비율이

23) Jin Won Noh·Hyun chun Park·Young Dae Kwon·In Hye Kim·Yo Han Lee·Yoon Jung Kim·Sin Gon Kim, "Gender Differences in Suicidal Ideation and Related Factors among North Korean Refugees in South Korea", *Psychiatry Investig.* Vol. 14, No. 6, Nov 2017. pp. 762~769.

24) Woo young Kang·Youn bin Kang·A ram Kim·Woo Suk Tae·Kyeong Jin Kim·Sin Gon Kim·Byung Joo Ham·Kyu Man Han, "Shape analysis of the subcortical structures in North Korean refugees with post-traumatic stress disorder and major depressive disorder" Psychiatry Research: Neuroimaging. *International Society for Neuroimaging in Psychiatry,* Vol. 326, Aug 2022.

〈그림 2〉 북한이탈주민이 겪는 스트레스

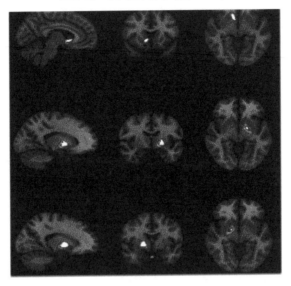

각각 46%, 28%, 30%로 남한 주민에 비해 2~4배 정도 높았다. 남한에서 거주 기간이 5년 이상인 북한이탈주민의 경우 성별과 무관하게 이러한 사고가 나고 있다는 점은 우리 사회로의 적응이 녹록지 않다는 것을 의미한다. 또한 북한이탈주민의 외상성스트레스증후군이 남한 정착 과정에서도 지속되고 있다는 점을 뇌 영상촬영을 통한 관련 부위의 변화로도 확인할 수 있다. 종합하면 한국에 입국한 지 5년이 지난 북한이탈주민의 자살 비율이 그렇지 않은 집단에 비해 높다는 의미이다. 우리가 북한이탈주민에 대한 정책 타겟팅을 할 때 고려할 사항이 다르다는 것을 보여준다.

5. 나오며

종합적으로 북한이탈주민 건강연구 결과는 한 서울시를 중심으로 한 각 지자체 중장기적인 목표 수립과 정책 방향성에 대하여 시사하는 바가 크다고 할 수 있다. 현재 이탈주민 대상으로 한 건강과 연동된 영양 관련 교육을 제대로 시행되지 않고 있다. 건강과 영양소에 관한 체계적인 교육만으로도 북한이탈주민 건강, 질환에 대해 상당히 효율적인 결과가 예측되는 상황[25]이라고 의료인들은 이 문제를 지적하고 있다. 북한이탈주민이 남한으로 이주했을 때 심혈관 질환이 적은 것으로 나타나지만 5년이 지난 후의 결과는 다르다는 점은 유의미한 결과이다. 이는 심혈관 병력이 높아지고 뇌졸중, 심부전, 부정맥 증가 결과로 확인할 수 있다. 이주 초창기 북한이탈주민이 남한에 입국했을 때 일반 국민보다 사망률이 낮았다가 시간이 지나면서 사망률이 높아지는 추이를 보여주는 것도 같은 맥락이다. 결국 북한의 큰 문제인 전염성 질환인 결핵 이상으로 비전염성 질환도 장기적으로 남북한 통합시점에서 큰 사회적 문제가 될 수 있음을 시사하는 것이기 때문이다. 연구 결과를 바탕으로 건강 문제를 이주 기간에 맞춰 타겟팅하는 전략적인 정책이 효율적이고 사회적 매몰 비용도 적어질 것으로 예상되는바 이 문제를 간과해서는 안 된다.

시기에 따라 북한을 이탈하는 사람들의 목적은 다르지만, 공통적

---

25) 이러한 질병이 근본적인 이유는 요와 빈곤이 만나면서 생기는 질환으로 과거 한국이 빈곤해서 풍요로는 사회로 갈 때 영양이 좋지 않았던 사람들이 대사질환, 당뇨병의 문제가 증가된 것과 같은 맥락이라고 할 수 있다.

인 지점이 있다면 이곳에 희망을 품고 온다는 사실이다. 사선을 넘어온 사람들은 희망이 절망으로 바뀌는 순간 심리적인 문제를 컨트롤 하기 힘들다. 북한이탈주민들의 정착 기간이 길어질수록 자살률 또한 증가한다는 결과[26)는 현재 우리 사회는 3만 명에 지나지 않는 북한이탈주민과의 통합이 순조롭지 않음을 여실히 드러내고 있다. 이에 따라 장기적으로 거버넌스 차원에서 국제사회와 북한을 대상으로 보건 문제에 서로가 적극 대응할 수 있도록 설득해 내는 과정을 위해 노력해야 한다. 보건 외교의 축과 더불어 현재 북한이탈주민 정부, 지자체 보건정책 수립 시 보건계와 학계의 융합 연구결과에 관심을 두고 서울시 정책에도 거버넌스 차원에서 중장기적 플랜으로 반영된다면 사회적 통합에서 발생되는 사회적 비용을 줄이는 데 있어 효과적일 것이다. 그동안 이루어졌던 일회적·분절적 양상을 보였던 보건의료협력이 추진되었던 한계를 지양하고 이를 극복하기 위해 주체별로 효율적 역할 분담과 사업별 유기적 협력이 요구되는 중심에 정부를 비롯하여 각 지자체들의 역할에 대한 고찰이 필요한 이유이다.

---

26) Jin Won Noh·Hyun chun Park·Young Dae Kwon·In Hye Kim·Yo Han Lee·Yoon Jung Kim·Sin Gon Kim, "Gender Differences in Suicidal Ideation and Related Factors among North Korean Refugees in South Korea", *Psychiatry Investig,* Vol. 14, No. 6, Nov 2017, pp. 762~769.

참고문헌

1. 국문단행본

남북하나재단, 『북한이탈주민 정착실태조사』, 서울: 남북하나재단, 2022.
남북하나재단, 『북한이탈주민 사회통합조사』, 서울: 남북하나재단, 2022.
남북하나재단, 『탈북청소년 실태조사』, 서울: 남북하나재단, 2022.

2. 영문논문

Centers for Disease Control, "Nosocomial transmission of multidrug-resistant tuberculosis among HIV-infected persons; Florida and New York, 1988~1991", *MMWR Morb Mortal Wkly Rep 40*, Sep 1991.

Jin Won Noh·Hyun chun Park·Young Dae Kwon·In Hye Kim·Yo Han Lee·Yoon Jung Kim·Sin Gon Kim, "Gender Differences in Suicidal Ideation and Related Factors among North Korean Refugees in South Korea", *Psychiatry Investig.* Vol. 14, No. 6, Nov 2017.

Kyeong Jin Kim·Jee Hyun An·Kyoung Jin Kim·Ji Hee Yu·Nam Hoon Kim·Hye Jin Yoo·Hee Young Kim·Ji A Seo·Nan Hee Kim, "Prevalence of osteoporosis among North Korean women refugees living in South Korea: a comparative cross-sectional study", *BMJ Open.* Vol. 10, No. 6, Jun 2020.

Kyeong Jin Kim·Yoon Jung Kim·Sun Hwa Kim·Jee Hyun An·Hye Jin Yoo·Hee Young Kim·Ji A Seo·Sin Gon Kim·Nan Hee Kim·Kyung Mook Choi·Sei Hyun Baik·Dong Seop Choi·Nam Hoon Kim,

"Vitamin D status and associated metabolic risk factors among North Korean refugees in South Korea: a cross-sectional study", *BMJ Open*. Vol. 5, No. 11, Nov 2015.

Woo young Kang·Youn bin Kang·A ram Kim·Woo Suk Tae·Kyeong Jin Kim·Sin Gon Kim·Byung Joo Ham·Kyu Man Han, "Shape analysis of the subcortical structures in North Korean refugees with post-traumatic stress disorder and major depressive disorder", Psychiatry Research: Neuroimaging, *International Society for Neuroimaging in Psychiatry*, Vol. 326, Aug 2022.

Yo Han Lee·Won Jin Lee·Yun Jeong Kim·Myong Jin Cho·Joo Hyung Kim·Yun Jeong Lee·Hee Young Kim·Dong Seop Choi·Sin Gon Kim·Courtland Robinson, "North Korean refugee health in South Korea (NORNS) study: study design and methods", *BMC Public Health*, No. 12, 2012.

Yoon Jung Kim·Yo Han Lee·Yun Jeong Lee·Kyeong Jin Kim·Jee Hyun An·Nam Hoon Kim·Hee Young Kim·Dong Seop Choi·Sin Gon Kim, "Prevalence of metabolic syndrome and its related factors among North Korean refugees in South Korea: a cross-sectional study", *BMJ Open*. Vol. 6, No. 6, Jun 2016.

Yoon Jung Kim·Sin Gon Kim·Yo Han Lee, "Prevalence of General and Central Obesity and Associated Factors among North Korean Refugees in South Korea by Duration after Defection from North Korea: A Cross-Sectional Study", *Int J Environ Res Public Health*, Vol. 15, No. 4, Apr 2018.

Yoon Jung Kim·Yo Han Lee·Yun Jeong Lee·Kyeong Jin Kim·Sin Gon Kim, "Weight Gain Predicts Metabolic Syndrome among North Korean Refugees in South Korea", *Int J Environ Res Public Health*, Vol. 18, No. 16, Aug 2021.

3. 기타 자료

김신곤, 「북한이탈주민 건강에 관한 추척 관찰 연구결과」, 『고려대 통일융합연구원 개원 심포지엄 자료』, 2022.

제5장

사용자 경험(UX: User Experience)* 디자인 관점 기반 이공계 대학원생 통일인식 제고 특화교육**

/

김영지

1. 문제 제기

만일 문과 백그라운드인 당신에게 이과 백그라운드 대학원생을 대상으로 북한, 통일, 평화 관련 컨텐츠를 가르쳐 보라고 한다면 어떨까? 이 글은 실제 강원대학교 에너지·인프라 융합학과에서 2021년 1학기 혁신교과로 개설된 '남북관계와 국제개발협력' 강의 사례

---

* 사용자 경험이란 사용자가 어떤 시스템, 제품, 서비스를 직간접적으로 이용하면서 느끼고 생각하게 되는 총체적 경험을 말하며 단순히 기능이나 절차상의 만족뿐만 아니라 전반적인 지각 가능한 모든 면에서 사용자가 참여, 사용, 관찰하고, 상호 교감을 통해서 알 수 있는 가치 경험을 의미한다(행정안전부 & NIA, 『전자정부서비스 사용자경험 적용 가이드라인』, 2017, p. 10).
** 이 글은 필자가 이미 출판한 단독 논문을 재구성한 글이다. 김영지, 사용자경험(UX: User Experience) 디자인 관점 기반 이공계 대학원생 통일인식제고 강의 사례 분석 연구, 『한반도미래연구』 제8호, 2023.6. pp. 27~59.

를 통해 어떻게 문과 교수자가 이과 대학원생들을 대상으로 가르쳤는지를 다루고자 하였다. 당시 처음 대학원 수업을 맡게 되었을 때 수업의 특성이 아주 희소하고 독특하였기 때문에 교육 콘텐츠의 전달은 어떤 방식으로 진행할 것인지, 또한 이들을 어떻게 대하며 소통할 것인지 또한 수업 참여자들과 어떻게 새로운 학술적 아이디어를 이끌어 내는 리더십을 발휘할지 등에 관한 다양한 고민이 머릿속으로 스쳤다. 그러나 흔하고 전통적인 방식에 정말 그것이 어려운 일이기만 한 일인지에 관하여 도전적인 의문을 제기함으로써 다양한 가능성을 탐색하였고 결과적으로는 학생에게도 교수자에게도 의미 있는 수업이 진행되었다고 판단한다.

처음의 고민은 이로부터 시작되었다. 만약 이과 친구들에게 그냥 문과 방식으로 가르치면 어떻게 될까? 문과 대학원 수업은 보통 단행본이나 해외저널을 통해 최신 내용을 습득하게 되는 방식을 취하면서도 영문자료인 경우가 대다수이고 발제와 토론을 통해 학습이 진행된다. 그런데 본인들의 전공 분야도 있는데 이러한 내용을 주전공처럼 가르치게 된다면 결과는 어떨까? 아마도 부정적일 것이라고 예상했다.

사실 가장 큰 문제는 다음과 같았다. 북한의 실상과 통일문제를 아우르는 콘텐츠에 대해 무관심하거나 거부감을 보이는 학생들에게 어떻게 효과적으로 내용을 전달할 수 있을지가 관건이었다. 또한 기술적으로 과거와는 달리 요즘 시대에는 모바일 기기를 인간의 또 하나의 장기처럼 늘 휴대하고 다닐 뿐 아니라 쇼츠나 틱톡과 같이 짧은 동영상 보기에 익숙해져 수업진행 방식이 단조로울 경우 쉽게 흥미를 잃거나 집중력을 잃는 요즘 젊은 세대의 특성을 어떻게 다룰지, 그리고 Chat GPT까지 등장하고 있는 시대적 변화상에서 학생들을 어떻게 교수자가 가르치고(Teaching) 다룰 것(Caring)인지에 관한 고민 또한 필요했다.

이러한 맥락에서 다양한 변화상을 감안할 때 교수자 중심 강의에서 학습자 중심 강의가 필요하게 됨을 적극 공감하게 되었고 저자가 이공계 대학원생을 대상으로 일종의 교육실험을 구상하고 진행한 내용을 제시하고 앞으로의 과제를 짚어보고자 하였다. 이를 통해 참여자들의 통일인식을 제고하는 경험 향상과 교육의 질적 혁신을 제고하기 위한 내용을 살펴볼 수 있을 것이며, 남한뿐 아니라 북한에도 통일교육 현장에 새로운 화두를 던질 수 있을 것으로 여겨진다.

2. 수업의 계획과 운영

1) 계획

본 과목은 에너지·인프라 융합학과(구 신산업개발 T-EMS 융합학과)가 만들어지고 BK사업에 선정되면서 '남북관계와 국제개발협력'이란 제목으로 처음 개설되었고 필자가 첫 개설부터 해당 과목을 담당하게 되면서 강의를 자율적으로 기획하여 운영할 수 있었다.

당시 강의를 설계하는 과정상의 가장 큰 고민은 크게 두 가지로 나눌 수 있는데 첫째는 이 강의를 수강할 에너지·인프라 융합학과 학생들은 모두 이공계 대학원생들이고 이들 각각은 또 세부 전공이 모두 다른데 어떻게 하면 이들에게 본인 전공과 관련성이 떨어지는 내용에 대한 암기 부담을 확실히 덜어주면서도 해당 강의 참여를 통해 서로의 연구에 도움이 될 수 있게 할지였다.

둘째는 연구성과물의 숫자에 민감한 대학원생들이므로 가급적 이 과목을 수강하게 되어 얻을 수 있는 혜택을 즉각적으로 제공하고 싶었다. 본 강의는 특히 서로 다른 전공 배경의 학생들이 강의 수강 목적으로 각자 전공과 관련한 의미를 찾고 싶어 하는 니즈(Needs)가 있었기 때문에 이를 존중하면서도 전공 배경이 다른 것이 오히려 윈윈(Win-Win)이 될 수 있는 가치를 발견하는 학습 분위기 조성이 필요했고 이에 필자는 교수자로서의 권위를 지향하기보다는 일종의 학습 촉진자로서의 역할을 자처하여 수행했기 때문에 러닝 퍼실리테이션(학습 촉진) 관점에서 중요시하는 개념들을 지향하고 있었다고 사료된다.

주차별 강의 진행은 크게 중간고사 이전에는 기본개념과 핵심이슈들을 살펴보고 중간고사 이후에는 이론과 사례를 발판 삼아 개인 프로젝트를 발전시켜 나가도록 하였다. 중간고사 이전에 기본개념과 핵심 이슈들을 살펴본 것은 이를 가르치기 위함이 아니고 결국 중간고사 이후부터 본격적으로 추진된 개인 프로젝트의 진행과 관련한 기초자료 및 시장 흐름을 탐색하기 위함으로 마련한 것이었다. 당시 사용된 강의 계획 구성은 다음과 같다.

<표 1> 강의 계획서

주차	수업 내용
1	강의를 시작하며(한강의 기적, 대동강의 기적, 그리고 Enovation)
2	국제개발협력의 본질과 역사
3	국제개발협력의 주요 이슈
4	① 국제개발협력 현장 사례 소개 ② 개인프로젝트 빅픽처 구상하기
5	남북관계와 북한개발협력의 이해
6	남북관계를 넘어 무대를 확장하다: 신북방, 신남방정책과 한반도 신경제지도를 통한 종합발전전략 Ⅰ
7	남북관계를 넘어 무대를 확장하다: 신북방, 신남방정책과 한반도 신경제지도를 통한 종합발전전략 Ⅱ
8	중간고사
9	북한개발협력과 지속가능발전목표
10	개인프로젝트 발전시키기 Ⅰ
11	개인프로젝트 발전시키기 Ⅱ
12	개인프로젝트 발전시키기 Ⅲ
13	최종 발표
14	강의를 마치며(현장 중심 마인드, 사회과학적 상상력 그리고 small data)
15	기말고사

2) 학습자 분석

총 정원 10명으로 개설된 강의에 수강을 확정한 학생들은 총 10명이었고, 학과에서 BK21사업을 신청할 때 교육과정 커리큘럼으로 혁신교과 이수를 권장하도록 구성해 두었기 때문에 학생들이 본 강의를 수강 신청하여 참여하게 되었다. 이들 구성 분포를 살펴보면 모두 에너지·인프라 융합학과(구 신산업개발 T-EMS 융합학과) 소속이었고 특이점은 이들 10명의 세부 전공이 풍력에너지(3명), 환경관리(2명), 물리탐사(2명), 철도 수송(2명) 토목(1명)으로 다양하였다는 점이다. 그 외 성비 구성으로 여학생이 2명, 남학생이 8명이었으며, 수강인원 국적은 모두 내국인이었다.

추후 강의를 진행하면서 학생들이 제시한 의견을 들어보면서 이들의 정당 선호, 출신 지역, 군필 여부도 다양하였음을 알게 되었다. 이들의 일반적인 특징은 데이터 분석과 해석에 대해 엄밀성을 기하고 있었으며 상대적으로 인문사회 분야 학생들과 비교 시 본인의 생각이 조금만 들어가도 마치 큰일이 날 것처럼 사고하는 경향과 그러한 상황에 직면하게 될 때 혹독한 비판을 받는 논문지도 방식이나 연구실 문화에 익숙해져 있기 때문에 이들은 추상적으로 보일 수 있는 표현을 극히 자제하고 상상력을 발휘하는 것에 거부감이 있는 특징이 있었다. 그러나 남북관계와 국제개발협력이라는 수업 주제는 남북관계가 들어가게 되므로 부득이 상상력을 발휘할 수밖에 없는 영역적 특성을 갖고 있기 때문에 어떻게 하면 이런 부분을 학생들에게 거부감 없이 소화시킬 수 있는가를 고민하였다.

이에 따라 이공계 전공 배경 특성상 학생들에게 인문사회 분야 중 북한·통일 관련 학과에서 익히 경험할 수 있는 방식의 수업(기본 내용 숙지 후 발제 및 토론)만으로 한 학기를 진행하는 것은 적절치 않고 그 대신 전공 관련 실용적인 비즈니스 아이디어를 구상하고 발전시킬 수 있게 하는 프로젝트 기반 수업(Project Based Learning) 방식을 일부 채택하여 궁극적인 성과 도출로 연계하는 것이 적절할 것으로 판단했다.[1] 또한 이공계에서는 논문, 특허, 창업 건수 등이

성과지표로 주요하게 자리하고 있으므로 학생 개개인의 아이디어를 과제물 제출 시 평가목적으로만 사용하는 것에 그친 것이 아니라 이를 편집하여 단행본으로 만들고자 하였는데 출판사에 출판기획서를 제출함에 앞서 학생들 모두의 동의와 지지를 얻어 이를 추진하였다. 학생들이 본인의 이름으로 책을 내본 경험이 없었기 때문에 이러한 경험을 새롭게 여겼으며 본인의 이름이 저자로 들어가게 되는 단행본이 출판될 것에 기대감을 갖고 있었다.

이를 통해 당시 수업 신청을 희망한 10명의 학생들이 모두 주체가 되어 본인이 기존에 연구하는 내용을 강의 제목과 결부시켜 새로운 아이디어를 좀 더 자발적으로 전개해 나가도록 이끌었고 학습자들이 수업 과정에서 모바일이나 노트북 등 전자기기를 통한 검색을 할 수 있게 적극 장려하여 본인이 전공 분야 외의 영역이기 때문에 미처 알고 있지 못하는 지식이나 확실하게 모르는 부분으로 인해 자신감을 잃지 않도록 하였다.

즉, 한 학기 수강 이후 본인 전공영역이 아니면 기억에서 쉽게 잊힐 내용을 암기하는 데 시간을 낭비하지 않게 하고 다만 해당 지식에 대한 이해가 요구되는 상황에 직면하면 정보가 어디 있는지를 검색하여 연구에 활용토록 하는 능력을 키우는 데 초점을 맞춘 것이

---

1) 필자가 KAIST에서 수업을 통해 직접 학생으로 참여하거나 조교로 참여한 교내 창업 경진대회 및 POSCO ICT 등 기업체 강의 진행 등에서 다양한 프로젝트 기반 수업 진행 방식에 익숙하였기 때문에 이러한 방식으로 강의를 진행하는 것에 대한 거부감이 없었다. 또한 필자가 박사 학위를 받은 이후 취득한 창업보육전문매니저 자격증이 있기 때문에 비즈니스모델 설계 및 정부지원 활용 등 창업보육 전반과 관련된 기본 내용을 학생들에게 알려주는 것도 가능한 측면이 있었다.

다. 또한 본인 연구 아이디어를 발표 시 본인 연구 내용 이외에도 본인 전공이 아닌 학생들에게 그 내용을 보다 직관적으로 이해 가능한 짧은 동영상을 큐레이션(Curation) 하여 함께 공유하도록 유도하였다. 뿐만 아니라, 전공 분야마다 전문용어가 있는데 압축적인 설명만 진행하면 해당 내용에 대한 이해가 용이하지 않으므로 청자 역할인 학생들이 해당 설명 내용을 보다 효과적으로 이해할 수 있도록 쉬운 용어로 설명하도록 지도하였고 서로의 발표를 경청하는 분위기를 조성하고자 하였다. 또한 학생들이 책을 쓴다는 것은 독자들을 대상으로 공신력 있는 최신 정보와 본인만의 전공 생각이 바탕으로 된 글을 논리적이면서도 설득력 있게 제시해야 하기 때문에 학생들이 해당 내용에 대한 이해를 바탕으로 글을 제출할 때보다 높은 집중력과 책임감을 발휘하고 있음을 관찰하였다.

3) 학습 결과 및 학습 증거

본 강의는 강의 수강에 대한 '학습 결과'로 단순히 학생들이 교수자가 전달하는 지식을 수동적으로 암기하고 기억에 남아있는 순간에만 지식적 측면의 양적 변화가 일어나는 것을 원한 것이 아니라 학습자가 본인만의 고유한 생각을 가지게 될 수 있고 태도적 측면에서 자신감을 키울 수 있기를 목표로 잡았다. 또한 학습이 잘 이루어졌다는 것을 확인할 학습 증거는 등급이나 평가에 나타난 수치적 내용이 아니라 학생들이 본인의 생각을 자신감 있게 풀어내는 모습으로 설정하였다. 학생들의 자신감 있는 사고와 태도를 권장하기 위해 교수자는 일단 학생들이 발언을 할 때 끊지 않고 경청하였으며 학생들이 일반적인 생각을 언급할 경우 이와 반대가 되는 생각을 해보게 하는 역발상 질문을 던져 균형적인 접근을 할 수 있도록 도왔다. 이를 통해 학생들의 아이디어를 기반으로 단행본을 만들어 냈고 단행본의 내용을 살피면 학생들의 글에서 자신감과 재치 넘치는 모습을 살필 수 있다.

〈그림 1〉 단행본 출판물

2021년 1학기에 강의가 진행되었고 그 결과물인 단행본의 초판 1쇄 발행일이 2021년 9월 17일이었기 때문에 속도감 있게 책이 출판되었다고 볼 수 있는데, 모든 학생이 학습자로서의 잠재력이 있다

는 신념이 학생과 교수자 모두에게 가시적인 결과물뿐 아니라 성취감을 느끼게 하였다. 단행본이 출판되기에 앞서 교수자가 기획작업과 학생들에게 과제를 주고 그 후 수집한 글에 대한 오탈자 검토 및 첨삭 등 편집작업을 진행하였으며 학생들에게 출판될 단행본에 대한 자신감을 더욱 키워주고자 추천사를 받는 작업도 하였는데, 결과적으로 최대석 이화여대 명예교수 및 전 부총장님을 비롯하여 한정화 아산나눔재단 이사장 및 전 중소기업청장님, 남민우 다산그룹 회장 및 한국청년기업가정신재단 이사님, 차기철 ㈜인바디 대표님, 송락경 지스트(GIST) 산학교수 및 전 카이스트(KAIST) 이노베이션센터장님, 그리고 한국 첫 우주인 후보 출신 ㈜에이팀벤처스(ATEAM Ventures)의 고산 대표님께 추천사를 받아 책 뒷면에 삽입하였다.[2] 이러한 산업계와 학계 전문가분들의 추천사 내용은 예상한 대로 학생들의 성취감을 더욱 고취시켰다. 이와 함께 학생들을 모두 저자로 넣었기 때문에 이 부분에 대해서도 학생들의 만족감이 높을 수밖에 없었다. 향후 크든 작든 수익이 발생하게 되면 학교에 기부 혹은 지역사회에 보탬이 될 수 있는 내용들을 함께 진행할 것을 교수자가 제안하였고 학생들은 이에 동의하였다. 본인들이 참여한 한 학기 수업을 억지로 들은 것이 아니라 자발적으로 수행한 과제물을 통해 책을 만들고 이를 통해 궁극적으로는 수익이 발생하는 구조를 만들게 되었으니 한 학기 수업이 일회성 수업으로 끝나지 않게 되었고 일종의 창업을 쉽고 빠르게 경험하게도 하였으며 학생들은 이 모든

---

2) 직함은 추천사를 받은 시점의 직함이다.

과정을 통해 자신감과 인상적인 학습 경험의 기억을 가질 수 있게
되었다.

4) 학습 경험 디자인

김지영(2019)에 따르면 학습을 디자인한다는 것은 목적성 있는
교육활동을 설계하겠다는 것인데 학습자들에게 던질 질문과 학습자
들이 수행할 과제 그리고 학습자들이 함께할 활동들은 모두 목적과
의미가 있어야 하며 그것이 빠진 활동은 '활동을 위한 활동'에 지나
지 않는다고 간주한다. 이러한 맥락에서 왜 해야 하는지 이유도 모
른 채 포스트잇에 생각을 적고 전지에 붙이는 활동은 (의미 있는)
학습이 아니라 (의미 없는) 노동으로 평가한다.[3] 이미 교수자는 이
런 활동들도 익히 경험한 바 있으므로 한 학기 수업을 시작함에 앞
서 이 수업이 학생들에게 단순한 시간 때우기용 수업이 아니라, 의
미 있는 경험을 통한 학습의 장을 마련하는 데 주력하였다. 한 학기
동안 학생들이 학습증거를 위해 체험한 구체적 내용을 제시하면, 주
요 경험들은 다음과 같이 총 8개로 제시 가능하다. 사실 대학원 과
정에서는 본인 전공 분야 이외의 것을 관심갖는 것이 어렵지만, 본
인의 전공 분야가 아니더라도 남북관계와 국제개발협력이라는 주제
를 전공영역과 접목시켜 새로운 생각을 도출하고 문제해결에 도전

---

[3] 김지영, 『가르치지 말고 경험하게 하라: 러닝 퍼실리테이션을 위한 경험 디자인 기술』.
화성: 플랜비디자인, 2019, p. 142.

해 볼 수 있게 하기 위해 어려운 책을 통해 어렵게 공부하게 하여 좌절감을 느끼게 하지 않고 진입 허들을 낮춰 검색을 적극 활용토록 했으며 새로운 생각을 할 때마다 동기부여가 될 수 있게 하기 위해 학생들이 어떤 언급을 하면 해당 언급에 대해 비판하거나 자존감을 떨어뜨리는 부정적 피드백으로 반응하기보다는 교수자 측면에서 청취했을 때 비록 그럴 만한 가치가 없어 보일지라도 긍정적 측면을 발견해 주려는 전략을 취했다. 또한 이론 중심이 아니라 현장 중심의 실용성 있는 아이디어 도출을 장려하며 이 분야에 대한 흥미와 관심을 유도하기 위해 다음과 같은 경험을 설계하였다.

① 3번의 발제(국제개발협력 주요 이슈, 북한개발협력, 신북방 & 신남방 지역으로의 확장)와 피드백
② 국제개발협력 프로젝트를 수행한 탈북민과의 교류
③ 이공계 출신 신북방 & 신남방 국제개발협력 프로젝트 관련 종사자와의 교류
④ UN 등 국제개발협력 관련 프로젝트를 수행 중인 외국인과의 교류
⑤ 호모모빌리언스 관점[4])에서 수행된 중간고사 해결 및 수시로 모바일 검색 장려
⑥ 대학교 도서관 북한자료 특수자료실 방문
⑦ 학생 본인 연구에 대한 다학제 융합 관점의 교수자 및 피어 리뷰
⑧ 단행본 저술 작업

4) 고(故) 이민화 벤처기업협회 명예회장이자 카이스트 교수는 스마트폰과 소셜네트워크를 통해 인간이 새로운 진화단계에 돌입하였고 이를 호모 모빌리언스(Homo Mobilians) 라고 명명하였다(이민화, 『호모모빌리언스』, 서울: 북콘서트, 2012, p. 12).

앞의 내용에서 1번은 '발제'라는 것이 기본적으로 어떠한 내용에 대하여 충분히 소화하고 조사를 하며 다른 이들에게 발표하는 것인데 이렇듯 학습의 주도자가 되어 다른 사람에게 내용을 가르쳐 주면 해당 내용에 대한 이해도가 더욱 향상되는 효과가 있다. 그런데 해당 수업에 참여한 학생들은 이러한 발제 문화를 학기 초에는 생소하게 여겼다. 또한 발제 시 미리 조사하고 익힌 내용뿐 아니라 그에 관한 본인만의 고유한 생각을 적어도 1개 이상을 언급하도록 지도하면서 처음에는 본인의 생각을 말하는 것을 주저했던 분위기가 학기 말이 되자 상대적으로 솔직해지고 활발해졌다. 또한 2~4까지는 학생들이 이론적 내용에 갇혀 생각이 편협해지지 않도록 현장에서 어떤 일이 벌어지고 있는지를 체감하게 하기 위한 의도로 마련하였다. 이에 따라 해당 주제에 맞는 인사를 강연자로 섭외하여 학생들에게 현장의 감각을 생생히 전달받을 수 있는 특강을 진행하였고 해당 시간의 말미에는 학생들이 자유롭게 질문을 할 수 있는 가능성을 열어두었다. 5번은 Chat GPT가 등장하는 요즘에도 여전히 의미가 있는 시도인데 학생들이 수시로 모바일 검색을 활용하도록 장려하면서 보다 적극적인 학습(Active Learning)이 이루어지도록 하였다. 또한 중간고사에서는 오픈북으로 하여 인터넷 세계에 있는 모든 정보를 대상으로 정확한 자료를 찾아내는 검색을 시도하고[5] 이를 기반으로 본인만의 생각을 풀어내도록 하였다. 예컨대 당시 간단한

---

[5] 정보의 홍수 속에서 정보 활용에 관한 경쟁력을 길러주는 것도 중요하다고 판단했다.

필수 문제 1번의 일부를 소개하면 국가정보원 홈페이지에 접속하여 2020년 출판된 북한법령집 파일을 찾게 한 후, 북한에서 우주개발사업에 대한 통일적 지도를 어느 기관이 하는지 찾아 제시하고 우주개발과 관련된 법적 내용의 핵심을 살펴보게 하였다. 학생들은 이 수업의 교수자로 인하여 기존과 같은 환경이었다면 단 한 번도 시도하지 않았을 국가정보원 홈페이지에 접속하여 해당 정보를 검색하고 탐색하는 경험을 했는데 교수자가 이러한 문제를 출제한 배경에는 학생들이 직접 해당 웹사이트에 들어가게 되면 탐색을 하는 과정에서 해당 내용만 보지 않고 그 밖에도 다양한 것들을 살피는 지적 호기심을 자극할 수 있을 것으로 예상하였고 기존 통일교육과는 색다른 방식으로 북한 관련 최신 내용을 주도적으로 공부할 수 있게 한 것이다. 뿐만 아니라 6번을 통해 학생들은 강원대학교 내에 존재하는지도 몰랐던 특수자료실을 교수자의 인솔하에 방문하게 되었고 북한자료뿐 아니라 특수자료실 내 보안 환경을 체험할 수 있었다. 당시 교내 특수자료실에 비치되어 있던 책과 신문기사 등 북한자료들을 본인 손으로 직접 만져보고 읽어보면서 학생들은 흥분과 놀람을 감추지 않았다. 7번과 관련하여서는 서로 다른 전공 분야의 참여자들이 이해하고 의견을 낼 수 있도록 가급적 전문용어는 쉽게 설명하도록 지도하였으며 교수자뿐 아니라 학생들 모두가 의견을 활발하게 낼 수 있도록 우선적으로 서로를 존중하고 경청하는 분위기를 조성하였다. 8번은 학기 첫 수업 시작 후 학생들 모두의 공감과 지지 의사를 확보한 후 필자가 출판기획서를 작성하여 원고가 없는 상황에서 출판사에 컨택하여 이를 성사시켰으며 학기 중 학생들이 과제로 제출한 모든 내용들에 대한 첨삭, 오탈자 검토와 편집을 신속히 진행시켜 출판사에 제출할 원고의 납기를 지켜내 단행본 초판 인쇄가 빠르게 이루어졌다.

앞의 8가지 항목에서 교수자로서의 역할을 검토해 보면, 내용 전문가와 퍼실리테이터로서의 역할이 복합적으로 작용하였다. 왜냐하면 학생들의 전공이 이공계 분야고 교수자의 전공이 인문사회 분야기 때문에 이러한 전공 차이로 인해 배경지식에 대한 이해 수준이 다르고 학생들이 자신의 전공 분야가 아닌 분야에서 대학원 진학 후 자발적으로 아이디어를 내는 경험은 드물기 때문에 이에 따라 완전한 퍼실리테이터로서의 역할만 수행하는 것은 학습환경 조성에 다소 어려움이 있을 것이라고 판단했기 때문이다. 그러나 기본 내용에 대한 이해를 도모하는 측면에서는 내용 전문가로 수행을 하였어도 취지는 어디까지나 학생 아이디어를 발전시키기 위한 기초 내용으로 활용하려 했다는 측면에서 기존 수업 방식에서 내용 전문가로 주입식·일방적으로 가르치는 목적을 가진 후 진행되는 방식과는 차이가 있었다고 판단한다. 역동적인 배움의 장을 만들기 위한 퍼실리테이션이 이루어질 때에는 그 시간을 대충 때우거나 딴생각을 하며 소모적으로 시간을 보내지 않도록 지적 도전과제를 학생들에게 계속 제공하였는데 이때 학생들은 본인 전공영역이 아닌 분야더라도 일단 접하고 파악하게 하는 이해하기(Understanding)의 단계에서 강의 후반부로 갈수록 좀 더 적극적으로 아이디어를 전개하고 구조화하는 생각하기(Thinking), 그리고 생각에 그치지 않고 구체적인 다른 행동(Action)으로 연결하는 경험하기(Experiencing)에 대한 넘나듦을 즐기기 시작하였다. 이는 출판된 단행본의 목차 흐름만 봐도 전개되는 양상을 알 수 있는데 처음에는 발제를 통한 기본 다지기를 통해 국제개발협력의 주요 이슈, 북한개발협력을 들여다보기, 남북관계를 넘어 무대를 확장하다(신북방, 신남방 정책으로의 확장)에서 그들의 글을 통해 이해하기와 생각하기를 넘나들고 있다는 것을 알 수 있으며 그 후 다채로운 상상 펼치기에서 북한에서 온 사람을 마주하거나 내 연구가 남북관계에 어떤 기여를 할 수 있을지, 그리고 미래를 선도할 비즈니피케이션(Biz+Unification)에 대한 상상, 그리고 객체에서 주체가 되는 상상으로 이공계 출신 통일부 장관이 되어본다거나, 대통령 연설문을 직접 작성하며 미래의 자식들을 대상으로 상상하며 편지 쓰는 내용을 통해 창의적인 아이디어를 떠올리는 생각하기와 상상하기라는 경험하기를 넘나들고 있다는 것을 확인할 수 있다. 단행본 출판 전에 학생들 일부는 이런 글이 책으로 만들어지면 부끄럽고 쑥스러울 것 같다는 반응을 보이기도 하였으나 한편으로는 책이 만들어질 것에 흥분을 감추지 못하기도 하였으며 실제 단행본이 출판되어 학생들에게 책을 나누어주게 되었을 때 '내가 이걸 해내다니!'라는 반응과 성취감이 느껴지는 표정을 보여주었다.

5) 퍼실리테이션 도구

그렇다면, 각 학습 경험을 촉진하기 위해 어떤 방법을 활용하였는가? 학습을 촉진하는 도구는 궁극적으로 교수자에게 좋은 도구가 아니라 학습자에게 도움이 될 수 있어야 하는데 기법만 화려하고 강의를 하는 교수자만 돋보이거나 교수자에게만 익숙하고 학생들 입장에서 어려워하거나 지쳐 하는 등 인지적 부담을 줄 수 있는 교구는 부적절하다. 본 강의는 스마트폰과 노트북 등 휴대가 가능하며 인터넷 검색이 가능한 전자기기를 교구로 적극 활용하였는데, 이는 학생들의 암기 부담을 줄이면서도 주어진 시간 내 창의적 발상에 도움닫기 역할이 가능한 교구로 수업 전반에 적극 활용되었다.

3. 학생들의 의견

결과적으로 학습자에 대한 이해를 바탕으로 한 2021년 1학기 남북관계와 국제개발협력 수업은, 학습결과(목표)-학습증거-학습 경험의 마련-도구(휴대용 전자기기 활용)가 유기적으로 잘 연계되었다고 판단하며 이 단계 모두가 한 학기 내에 적절히 실행되어 구체적인 성과물로 나타났다.

참여한 학생들은 강의 참여에 대한 피드백으로 다음과 같이 의견을 제시하였다. 이 내용을 통일인식 제고 효과 측면에서 살펴보면 전반적으로 한 학기 수업을 통하여 학생들은 통일문제와 관련하여 관심을 가지게 되었고 일부 학생들은 본인 전공 분야와 연결시켜 실질적인 문제 해결의 단계까지도 시도하고 있음을 알 수 있다.

〈표 2〉 학생들의 강의에 대한 의견

✎ 주입식이 아니어서 좋았다.

✎ 내 전공과 관련하여, 이론적 내용뿐 아니라 실무 현장에서 어떻게 발전시킬 수 있을지를 생각해 볼 수 있어서 좋았다.

✎ 남북관계와 국제개발협력과 관련한 다양한 이슈를 한 학기 동안 다양하게 배울 수 있었고 각 이슈에 대해서 균형적 시각에서 접근, 문제분석 및 해결책을 강구하면서 북한과의 협력을 실질적 각도에서 구체적으로 생각해 보고 도모할 수 있는 시간이었다.

✎ 전공 관련 발표를 해보니까, 새로운 방향을 찾으면서 내가 할 수 있는 먹거리를 찾은 느낌이었다.

✎ 책을 쓰면서, 주관이 들어가게 되면서 제 주관이 다시 형성되면서 석/박사과정에서 잃어버린 자존감을 다시 찾은 느낌이었다.

✎ 새로운 주제, 다양한 분야, 평소에 모르던 분야를 심도 있게 배웠다.

---

4. 신교학상장(新教學相長): 부담은 덜고 상상력을 키워주자

이상으로 살펴본 강원대학교 에너지·인프라 융합학과에서 2021년 1학기 혁신교과로 개설된 '남북관계와 국제개발협력' 강의 사례는 사용자 경험(User Experience) 디자인 관점을 중시함을 알 수 있다.

정리하면 해당 강의는 첫째, 러닝 퍼실리테이션(Learning Facilitation, 학습 촉진) 관점에서 중요시하는 개념들을 지향하고 있었다. 둘째, 강의를 수강하는 학생들은 모두 에너지·인프라 융합학과(구 신산업개발 T-EMS 융합학과) 소속의 이공계 대학원생으로 세부 전공이 모두 달랐으나 해당 수업을 통해 전공과 관련한 의미를 찾고 싶어하는 니즈가 있었다. 셋째, 교수자의 학생들에 대한 존중과 신뢰, 그리고 학생들의 역동적인 학습은 한 학기 수업 후 단행본이라는 결과를 만들게 되었고 학생들은 자신감 있는 태도를 얻게 되었다. 넷째, 교수자로서의 역할은 내용 전문가와 퍼실리테이터로서의 역할이 복합적으로 작용하였으나 무게 중심은 퍼실리테이터에 두고 있었으며 학습이 촉진되는 과정에서 학생들은 소극적·수동적 파악에 그치지 않고 적극적 생각하기와 또 다른 경험하기 등으로 넘나들며 다양한 행태를 보여주었다. 다섯째, 학습자에게 학습을 촉진할 수 있는 교구로 휴대가 가능하며 인터넷 검색이 가능한 전자기기를 교구로 적극 활용하였다. 여섯째, 본 강의는 모든 학습 과정이 유기적으로 연계되었으며 학생들에게 인상적인 학습 경험으로 자리하게 되었고 통일문제와 관련하여서도 관심에만 머무르는 것이 아니라 본인 전공 분야와 관련한 실질적 문제해결의 단계까지도 시도하고 있는 학생들이 발견되었다.

본 강의 사례 연구를 통해 도출된 내용을 기반으로 하여 시사점을 제시하면 다음과 같다.

첫째, 강의는 교수자가 아니라 학생의 니즈에 초점을 맞춰 설계되고 운영될 때 궁극적으로는 교수자와 학생 모두의 상호 만족을 도모하여 지속가능성(Sustainability)을 제고할 수 있다. 기존의 강의 방식은 교수자의 지식 전달에 치우친 측면이 있어 왔다. 기존의 불균형이었던 상태를 균형화하기 위해 우리가 어떤 부분들을 개선해야 할지를 앞으로도 고민한다면 통일교육의 바람직한 방향을 찾을 수 있다고 사료된다.

둘째, 통일이라는 문제를 실질적으로 실현시킴에 있어 교수자나 학생들이 객체에서 주체가 될 수 있는 다양하고도 의미 있는 교육실험이 계속적으로 이루어져야 한다. 통일문제는 지적 유희에 그치는 것이 아니라 실질적 해법이 필요한 영역이라는 것을 명료하게 인지할 때 교육실험의 내용 또한 구체성과 실용성 그리고 학습자의 주도성을 더욱 제고할 수 있을 것으로 보여진다. 이를 위해 무엇보다도 학습자들에게 통일문제가 쉽게 해결될 수 없는 만만치 않은 현실임을 정확히 인지하게 하고 다양한 의견을 발언할 수 있는 분위기를 마련해주며 새로운 상상을 적극 허용해야 한다.

셋째, 시대적 변화상을 반영하고 학생 입장에서 인지부담을 덜면서도 학습에 흥미를 가질 수 있는 다양한 교구들이 활용되어야 한다. 스마트폰의 상시 활용과 Chat GPT의 등장을 외면할 수는 없는 현실 가운데 학생들이 이러한 변화의 흐름에 적응할 수 있는 경쟁력을 갖추는 것도 중요하다. 다만, 이를 활용하면서도 현시점에서 인공지능은 할 수 없지만 인간만이 발현 가능하다고 평가되는 '상상력'을 키워주는 것에도 여전히 관심을 기울여야 할 것이다. 상상력은 현재뿐 아니라 미래에도 통일을 실현시키는 데 가장 중요한 원천역량이 될 것이라 사료되기 때문이다.

아무쪼록 한 학기 강의 과정 동안 학생들에게 해당 분야에 대해 협소하게 생각해 왔던 루틴(routine)에서 벗어나 보다 넓은 시각에서 사고하기를 지속적으로 강조하였고 문제를 찾아 독창성(originality) 있는 해결 방안을 강구할 것을 주문했는데 잘 따라와 주어 감사한 마음이고 교수자인 본인도 많은 것을 함께 배운 한 학기였다. 이 글에서 제시된 내용은 통일교육 생태계에 새로운 아이디어와 영감을 제공할 수 있을 것이라 생각하는바, 앞으로도 관련 연구와 활동을 지속적으로 수행하고자 한다.

1. 국문단행본

국립통일교육원, 『2023 북한이해』, 서울: 국립통일교육원, 2023.

국립통일교육원, 『2023 통일문제이해』, 서울: 국립통일교육원, 2023.

김지영, 『가르치지 말고 경험하게 하라: 러닝 퍼실리테이션을 위한 경험 디자인 기술』. 화성: 플랜비디자인, 2019.

한국교육개발원 미래교육기획위원회, 『한국교육미래비전』. 서울: 학지사, 2011.

한국교육방송공사(EBS) 학교란 무엇인가 제작팀, 『학교란 무엇인가: 내 아이의 감성과 가능성을 살리는 토탈 교육 솔루션』. 서울: 중앙북스, 2011.

2. 국문논문

김상무, 「보이텔스바흐 합의를 토대로 한 학교 통일교육 수업가이드라인 연구」, 『교육의 이론과 실천』 제26권 제3호, 2021, pp. 21~39.

김영지·문준환·전승범·최대석·이재범, 「북한이탈주민 창업교육 사례연구: 'OK 셰프' 프로그램을 중심으로」, 『한국창업학회지』 제13권 제2호, 2018, pp. 266~292.

김인수, 「한국경영학 연구, 이대로는 안된다」, 『경영학연구』 제29권 제3호, 2000, pp. 293~314.

김주삼, 「국제질서 관점에서 본 남북한 평화공존을 위한 통일교육 개선방안」, 『접경지역통일연구』 제4권 제2호, 2020, pp. 113~138.

김태훈, 「상호문화적 찾아가는 학교통일교육에 대한 사례연구」, 『학습자중심교과교육연구』 제21권 제15호, 2021, pp. 507~522.

문재호·신진우,「사용자 경험 디자인을 적용한 디자인 스케치 교육 모델 연구: 제품 서비스 융합 디자인 방법론을 중심으로」,『한국과학예술포럼』, 제 17권, 2014, pp. 183~192.

이현숙,「한국의학사 강의 개발과 강의 사례 연구」,『연세의사학』, 2013, pp. 7~36.

3. 기타 자료

국립국어원 표준국어대사전.

행정안전부 & NIA,『전자정부서비스 사용자경험 적용 가이드라인』, 서울: 행 정자치부·한국정보화진흥원, 2017.

『KBS시사 유튜브채널』, 2023년 5월 15일, https://www.youtube.com/watch? v=KMdLpO2GgHY(검색일: 2023.6.26).

『jnd.org』, 2023년 4월 15일, https://jnd.org/where-did-the-term-user-ex perience-ux-come-from/(검색일: 2023.6.26).

『강원대학교 통일강원연구원』, 2023년 1월 25일, https://kius.kangwon.ac. kr/contents.do(검색일: 2023.6.26).

저자 소개

김엘렌 이화여자대학교 통일학연구원 연구위원이며, 서울특별시 남북교
류협력위원회 위원이다. 국가인권위원회 북한인권전문위원회 전
문위원을 역임했다.

박민주 이화여자대학교 통일학연구원 연구교수로 재직 중이며, 북한의
과학기술, 인프라, 일상사, 젠더 등의 주제로 연구와 강의를 병행
하고 있다.

윤현경 이화여자대학교 통일학연구원 연구위원이며, 예술로 북한을 읽고
남북관계의 해법을 모색하는 연구자이다.

조현정 통일연구원 인권연구실 부연구위원으로 재직 중이며, 북한의
교육, 청소년 – 여성 – 탈북민의 삶과 인권을 주요 연구 분야로 하
고 있다.

김영지 강원대학교 에너지 · 인프라 융합학과 연구교수로 재직 중이며, 민
주평통 상임위원으로 활동하고 있다. 통일부 통일교육위원과 북
한연구학회 연구이사를 역임했다.